简明汉英翻译教程

主　编：李　睿　齐昂昆　叶一青

中南大學出版社
www.csupress.com.cn
·长沙·

图书在版编目（CIP）数据

简明汉英翻译教程 / 李睿，齐昂昆，叶一青主编．
-- 长沙：中南大学出版社，2022.6
ISBN 978-7-5487-4890-8

Ⅰ．①简… Ⅱ．①李… ②齐… ③叶… Ⅲ．①英语－翻译－教材 Ⅳ．① H315.9

中国版本图书馆 CIP 数据核字 (2022) 第 075666 号

简明汉英翻译教程

JIANMING HANYING FANYI JIAOCHENG

李　睿　齐昂昆　叶一青　主编

□出 版 人　吴湘华
□责任编辑　谢金伶
□封面设计　优盛文化
□责任印制　唐　曦
□出版发行　中南大学出版社
社址：长沙市麓山南路　邮编：410083
发行科电话：0731-88876770　传真：0731-88710482
□印　　装　石家庄汇展印刷有限公司

□开　　本　787 mm × 1092 mm　1/16　□印张 12.25　□字数 277 千字
□版　　次　2022 年 6 月第 1 版　□印次 2022 年 6 月第 1 次印刷
□书　　号　ISBN 978-7-5487-4890-8
□定　　价　49.00 元

图书出现印装问题，请与经销商调换

前　言

进入 21 世纪以来，大学英语教学取得了长足发展，人才的外语水平越来越受到培养单位和用人单位的重视。大学英语的教学目标早已不仅是掌握基础英语知识这一层面，更突出对学生语言应用能力的培养，而翻译能力是语言应用能力的重要体现。对此，高校应加大全体大学生翻译能力培养的力度，而不仅限于英语专业或翻译专业的学生，使千千万万的学生进入职场后，在对外交流、对外宣传和对外贸易等领域充分发挥自身力量，为不断增强中国的国际影响力构筑广泛而坚实的基础。

针对社会需求的变化和大学英语教学改革的新形势，我们精心编写了这本《简明汉英翻译教程》。本教程共有八章。前面两章介绍了翻译的基本知识和理论，并对汉英思维、语言和文化进行了综合对比，帮助学生了解汉英翻译的特点和意义。第三章到第六章结合翻译的过程和层次，对翻译方法和技巧进行了细致的解析，注重对翻译思路的揭示和引导，并对文化负载信息的翻译处理作了解释说明。最后两章分别针对文学翻译案例和应用翻译案例，进行具体的翻译理论和实践方法的介绍和指导。为帮助学生巩固所学内容并加强实践训练，每一章均配有翻译练习。本教程主要特点如下：

第一，突出内容的层次性。本教程充分考虑中国学生学习英语的特点，以汉英翻译为主线，内容设计从词语到句子再到语篇，由浅入深，逐步提升难度。

第二，突出语篇翻译。本教程打破传统翻译教材以句子为中心、围绕翻译技巧展开的编写方式，将译者的视野从词句扩展到篇章，强调篇章是翻译的理想单位，注重句子之间的衔接和连贯，并充分考虑原语的社会文化环境，旨在提升学生的语篇翻译能力。

第二，突出知识性与实用性相结合。本教程无意于传授高深复杂的翻译理论，力求用通俗易懂的语言介绍翻译知识，结合具体的翻译实践，简明扼要地分析翻译过程，点评翻译技巧，帮助学生了解汉英两种语言的差异，领会两种语言转换的艺术。

本教程既可作为非英语专业大学生翻译学习的教学和参考用书，在修完大学英语基础阶段课程后的拓展课程阶段使用，也可作为高校英语专业学生或相关从业人员的参考用书。

尽管本书的编写者认真以对，书中不当和疏漏之处仍在所难免，敬请专家和读者批评指正。

编　者

2022 年 1 月

目录

第一章　基础理论……001
第一节　翻译的基本问题……003
第二节　翻译基础理论概述……013
第三节　汉译英的特点与意义……016
练习题……020
第二章　综合比对……021
第一节　汉英思维比较……023
第二节　汉英文化比较……026
第三节　汉英语言比较……031
练习题……042
第三章　词语翻译……043
第一节　词义的轻重维度与翻译……045
第二节　语境与词语翻译……047
第三节　中国特色词语翻译……049
练习题……062
第四章　句子翻译……063
第一节　句子翻译步骤……065

第二节　句子翻译策略……067
练习题……085

第五章　篇章翻译……087
第一节　汉英语篇特点对比……089
第二节　汉英语篇衔接手段差异……091
第三节　汉英语篇连贯机制对比……096
第四节　语篇布局及翻译转换……098
练习题……102

第六章　文化负载……103
第一节　习语汉英翻译……105
第二节　典故汉英翻译……114
第三节　委婉语、禁忌语汉英翻译……116
练习题……120

第七章　文学翻译案例……121
第一节　散文的翻译……123
第二节　小说的翻译……130
第三节　戏剧的翻译……137
第四节　诗歌的翻译……143
练习题……147

第八章　应用翻译案例……149
第一节　商务翻译……151
第二节　法律翻译……153
第三节　广告翻译……155

第四节　旅游翻译……158
第五节　新闻翻译……165
第六节　科技翻译……169
练习题……173

练习题参考答案……175

参考文献……183

第一章　基础理论

第一节　翻译的基本问题

一、基本问题阐释

（一）翻译的定义

翻译系统庞大繁杂，对它的定义不胜枚举。按照翻译的层次划分，翻译一指译作，即翻译的产品；二指翻译过程；三指翻译行为；四指翻译者；五指翻译工作。

“翻译”一词在词典中的定义有：

“把已说出或写出的话的意思用另一种语言表达出来的活动。”①

“语言活动的一个重要的组成部分，是指把一种语言或语言变体的内容变为另一种语言或语言变体的过程或结果，或者说把一种语言材料构成的文本用另一种语言准确而完整地再现出来。”②

“以另一种语言表达词语或文本的意义”，“以一种语言表达另一种语言词语或文本的过程”。③

“翻成本族语言或另一种语言。”④

当前对翻译的含义存在如下诸多理解：

（1）翻译是用另外某种语言解释语言符号。

（2）翻译是原语信息向译语接收者传达的行为，译者既是原语信息的接收者也是译语信息的传达者，翻译应从语义到文体（风格），在译语中用最切近而又最自然的对等语再现原语的信息。

（3）将一种语言（出发语）的话语材料用另一种语言的等值话语材料予以替代。

（4）翻译是在保证一种语言的内容，即意义的情况下，将其连贯性话语改变为另一种语言的连贯性话语的过程。

（5）翻译是在目标系统中依据任何理由而呈现的目的语话语。

（6）翻译是用语义和语用对等的译语文本代替原语文本。

（7）翻译是一种由外部激发的产业活动，由信息科技作为支撑，并在针对这种交际

① 中国大百科全书出版社．中国大百科全书 语言文字[M].北京：中国大百科全书出版社，1988：126.

② 林煌天．中国翻译词典[M].武汉：湖北教育出版社，1997：58.

③ 霍恩比，牛津高阶英汉双解词典（6版）[M].石孝殊，王玉章，赵翠莲，等，译．北京：商务印书馆，牛津大学出版社（中国）有限公司，2004：79.

④ 徐振忠．英文词典实用指南[M].上海：华东师范大学出版社，1995：69.

形式特殊需求的回应中变得多样化。

（8）翻译是运用一种语言把另一种语言所表达的思维内容准确而完整地重新表达出来的语言活动。

（9）翻译是两个语言社会之间的交际过程和交际工具，它的目的是促进本语言社会的政治、经济和文化进步，它的任务是要把原作中包含的现实世界的逻辑映像或艺术映像，完好无损地从一种语言译注到另一种语言中去。

（10）翻译是一种跨文化的信息交流与交换活动，其本质是传播，是传播学中一个有特殊性质的领域。

（11）翻译是把一种语言表达的意义用另一种语言传达出来，以达到沟通思想情感、传播文化知识、促进社会文明，特别是推动译语文化兴旺昌盛的目的。

（12）翻译是以符号转换为手段、以意义再生为任务的一种跨文化的交际活动。

翻译过程涉及两种语言的同时还涉及两种社会文化。语言是文化的载体。翻译是通过语言机制的转换，连接或沟通自身文化和异国文化的桥梁；翻译是帮助具有不同语言文化背景的人互相交际、交流思想，最终实现互相了解的媒介。

（二）翻译的分类、标准及演化

1. 翻译的分类

翻译可以根据不同的标准划分成多种不同的类型。首先，生活中较常见的就是对语言的翻译，按照语言的种类可以将翻译划分为汉英翻译、英法翻译、汉法翻译等；根据翻译的工具不同可以将翻译分为机器翻译和人工翻译，其中人工翻译包含书面翻译和口头翻译两种形式，接着对口头翻译进一步划分，又可以分成同声传译（simultaneous interpretation）和交替传译（consecutive interpretation）；依据文本类型，翻译可以分为自然科学读本、技术报告、科技论文等科技文本的翻译，以诗歌、散文、小说、戏剧等为主的文学文本的翻译，以及包含合同、产品说明书、广告、信函等在内的应用文翻译；从翻译方式的角度来看，翻译主要有全译、编译以及摘译。其中，全译是最基本的翻译方式，就是对全文进行对照翻译；编译就是将翻译和编辑结合起来进行翻译的方式；摘译指按照相关要求从原文中摘取特定的部分进行翻译，以便读者快速地从原文文献中获取对应的信息。建议学习者先在以上翻译方式中选择从全译开始着手，熟悉翻译的过程，了解翻译的原理，进而熟练地掌握基本翻译知识和翻译技巧，做好翻译工作。

2. 翻译的标准及演化

在中国传统翻译思想中，严复运用中国古典文论思想，结合古代佛经翻译思想，总结自己的翻译实践经验，提出了“信”“达”“雅”的翻译原则与标准。这是中国传统翻译思想的核心，长期以来被我国广大翻译工作者视为圭臬。严复在《天演论》中称：“译事三难：信、达、雅。求其信，已大难矣！顾信矣，不达，虽译犹不译也，则达尚焉。”又说：“《易》曰：‘修辞立诚。’子曰：“辞达而已！”又曰：‘言之无文，行之不远。’三者乃文章正轨，亦即为译事楷模。故信、达而外，求其尔雅。”这三者正好是一个完整的有机体，以信为本，以雅为表，以达为其间“纽带”，三位一体。

长期以来，评论者对“信”“达”“雅”的解释众说纷纭，各执一词，但“信”“达”仍为译界所普遍遵循——“忠实、通顺”“准确、流畅”“在准确基础上通顺”等观念。唯有“雅”字，分歧较大。有的主张取消“雅”，把通常为“雅”所包含的译文风格和语言形式上的要求统统列入“信”之中，只提前两条。但有人从“修辞立其诚”“言以文远”“情欲信而辞欲巧”（内容要真实，文辞要美化）等观点出发，不断对“雅”作这样或那样的解释，提出这种或那种论证，以体现翻译标准的完整性。正是由于“信”“达”“雅”的定义具有开放性和包容性，给后人留下了无尽的阐释空间，因而获得了普遍意义。一百多年以来，“信”“达”“雅”不断受到后世翻译工作者的青睐，至今仍然作为翻译标准指导着中国翻译工作者和译学研究者的实践和探讨活动。

在西方传统翻译思想中，也出现过类似的翻译标准。18世纪末，英国爱丁堡大学历史教授亚历山大·F.泰特勒（Alexander Fraser Tytler）在《论翻译的原则》（*Essay on the Principles of Translation*）一书中系统地提出了翻译和评判翻译的三条基本原则：①译文应完全复写出原作的思想；②译文的风格和笔调应与原文的性质相同；③译文应和原作同样流畅。严复提出的翻译标准与泰特勒的三原则有不少相似之处，“信”即译文应完全复写出原作的思想，“达”即译文应和原作同样流畅，“雅”则指关注译文的风格和笔调。

传统的中西方翻译标准都将“信”与“达”视为重要的翻译原则，此外，还基于“达”追求“雅”的翻译效果。通过对这些翻译思想的研究，我们不难发现，“信”强调译文要尽量贴合原文，倾向于原文，而“达”要求所翻译出来的语言应符合读者的阅读习惯，服务于读者，倾向于读者。由此，一直隐藏于传统翻译中的矛盾就显露了出来：“信”所具有的原文取向重视译文对原文内容的传递是否忠实，而“达”的读者取向关心的是译出语是否行文规范，是否符合读者的阅读习惯，二者之间存在冲突。不同的语言因受不同风俗文化、生活习惯的影响，在表达方式和形式上的差距非常大。在翻译的过程中，如果译文顺应了读者的阅读习惯，且符合译出语行文规范，那么译文在呈现的内容上很有可能不贴合原著。因此，译文到底应该以读者的阅读习惯为主，还是以原著内容为准成了中西方传统翻译的难题，这个难题开启了对现代翻译标准的摸索，使现代翻译标准更偏向于语境化的建构，也就是说，在进行翻译时，可以根据需要翻译的内容的语境进行翻译，不需要依照现代翻译标准绝对化一地进行翻译，这样的设定可使翻译标准更加多元化，翻译的效果更好。但这并不意味着翻译不再受标准的界定，也不代表可以任意选择翻译的标准，而是表示根据原文构建相应的语境才能确定其翻译标准。

翻译标准总是与翻译策略相互联系，目前对现代翻译标准的讨论也主要围绕着几组相对的翻译策略展开，如直译还是意译，形式对等还是功能对等，原作者的写作目的还是译者的翻译目的，以原作者为中心还是以译文读者为中心。这些问题归根结底都与忠实于原文内容或是满足读者的阅读习惯有关，因此与翻译标准紧密联系在一起。

（三）翻译的策略与讨论

1. 直译还是意译

直译和意译的争论由来已久。在西方，西塞罗（Marcus Tullius Cicero）在《论演说家》中谈道："我不是作为解释员，而是作为演说家来进行翻译的。"所谓"解释员"与"演说家"也就是西方最早的关于直译与意译翻译方法的讨论。在中国，三国时期的支谦（约3世纪）指出"余初嫌其所不雅"，两晋南北朝时期的道安主张"案本而传"，即按照原文本进行直译，鸠摩罗什则提出"依突出华"，指译本可以依据原本有所创造和意译，从此在中国翻译史上开始了对直译与意译问题的讨论。[①]因此，无论在西方还是在中国，这种争论都一直存在：直译重视形式，要求译文与原文在词语、句法结构及表达方式等方面保持一致；意译重视内容，但在语言形式上相对自由，允许摆脱形式上的束缚而传达原文的意义。这种争论归根结底触及对翻译标准的思考：以原文内容为主，还是摆脱原文语言形式，以满足读者的阅读习惯为主？

直译指在符合译文规则的情况下，既保持原文的内容，又不改变其修辞特点（如句式、形象比喻、民族或地方特色等）的翻译方法。翻译家纽马克（Peter Newmark）一直以来都是直译的倡导者。他强调如果直译能确保在语言的指称意义和实际运用中译文与原文对等，直译就是正确的、不必着意回避的。虽然大多数语言在词汇表达上有着很大的差距，但是如果两种语言存在文化共同点，一般事物都是可以进行一对一直译的。在长期的翻译实践中，直译策略将英语词汇输入汉语之中，极大地丰富了现代汉语，而汉语的一些词汇也融入英语中，成为英语文化中的一部分。例如，英语词汇 pillar industry（支柱产业）、dollar diplomacy（金元外交）、packed like sardines（挤得像沙丁鱼）、shuttle diplomacy（穿梭外交）等就进入了汉语，而汉语词汇如功夫（Kongfu）、太极拳（Taijiquan）、一国两制（one country，two systems）、豆腐渣工程（construction project with building materials like bean dregs）等融入了英语词汇中，丰富了英语的表达法。

如果直译不能非常准确地表达原文的内在含义，那么就需要采用意译法。刘重德曾说过："至于译文中有时出现的所谓翻译腔（translationese）倒是应该避免和克服的语病，有人把这种语病完全归咎于欧化或直译，这种指责不够公允恰当。"[②]意译指打破原文形式追求全面整体的意义对应，或者在译文中常常采用比喻或其他修辞手法表达原文意思，使译文显得形象生动，易于接受。

直译和意译虽是两种不同的翻译方法，但这两种翻译方法能够共同服务于一篇著作，甚至共同服务于一段语言，为读者重现原文信息，二者之间相辅相成，互不排斥。例如，

① 刘重德．翻译论稿[M]．北京：高等教育出版社，2007：29.

② 刘重德．翻译论稿[M]．北京：高等教育出版社，2007：48.

在使用直译方法对著作中引用的名言或典故进行细致翻译时，可以使用意译的方法对其进行简要的解释或补充。在使用这两种翻译方法进行翻译时，要避免翻译结果向以下两个方向偏离：一是翻译效果过于死板生硬，过分拘泥于原文，导致译文无法准确表达出原文的内涵；二是翻译时过分追求翻译结果的可接受性，辞藻华丽、句式优美，全然不顾原文的形式，导致译文无法体现出原文的形式，甚至出现内容偏离原文的现象。直译与意译的关系是：直译是翻译的基础，意译是直译的补充和修饰，二者之间互相补充，共同服务于翻译活动。

例如，在翻译旅游文体时，翻译景区名称的目的就是帮助外国游客识别旅游区域，帮助外国游客与旅游景区达成交流的目的。这种目的通常来自委托方的要求，要求译者对原文有正确的理解，能够把握好译文。如果委托方的目的就是使用译出语指明地点，那么译者就应该选择直译的翻译策略，简洁明了地将翻译内容表达出来。如果委托方要求译文表现景区的人文特征，那么译者就可以采用意译的翻译策略，在译文中呈现景区的名称和文化内涵。翻译景点名称较为常用的是直译和意译结合的方法，也就是前面直译景区名称，后面加以意译的注释，如“养心殿”被翻译为 Yang Xin Dian（Hall of Mental Cultivation）、“午门”译为 Wu Men（Meridian Gate）、“乾清宫”译为 Qian Qing Gong（Palace of Heavenly Purity）。

2. 形式对等还是功能对等

形式对等和功能对等的概念是翻译理论家尤金·奈达（Eugene A. Nida）正式提出的。奈达博士从事过语言学、语义学和人类学等方面的研究，曾担任美国语言学会主席、美国圣经协会翻译部执行秘书。奈达本人并未翻译过《圣经》，但自 1946 年担任圣经翻译部的执行秘书起，承担过大量《圣经》翻译的组织工作，包括制订工作计划、培训译员、审校译稿、编写翻译指导书、与世界各地《圣经》译者探讨和解决实际问题。由于工作关系，在长达 60 年的时间里，奈达有机会游历了 90 多个国家和地区，实地考察了 200 多种语言，尤其是非洲、拉丁美洲和太平洋岛屿上的一些小语种。这些经历成为了他学术生涯的坚实基础，也给他的著述打上了宗教的烙印。他的代表著作有《翻译科学探索》和与查尔斯·泰伯（Charles R. Taber）合著的《翻译理论与实践》。其晚期与简·瓦德（Jan de Waard）合著的《从一种语言到另一种语言》影响较大。20 世纪 80 年代初，奈达的翻译理论被引入中国，对中国翻译界产生了巨大影响。

奈达在深入探讨翻译时，放弃了忠实原文的原则，摒弃了直译和意译这两种翻译规则，他主张从形式对等和功能对等两方面看待对等观念。形式对等指的是翻译时应重点关注原义的形式和内容，尤其是译文表达的内容与原文内容在结构、成分上的对应关系，强调二者结构呼应。功能对等是奈达以对等效应原则为基础提出来的，最初也叫动态对等，功能对等要求使读者在阅读时获得和阅读原文相同的感受，也就是说，翻译应遵从功能对等原则，达到使用译出语将原文重现在读者面前的目的。

奈达提出的功能对等在翻译实践中有相当的实用价值，在电影片名和习语谚语等的翻译中都能显现出来。*Waterloo Bridge*（《魂断蓝桥》）是一部美国经典影片，讲述两个年轻人在第一次世界大战中相恋而又分离的故事，女主人公最后走投无路选择在他们曾经相遇的滑铁卢桥上结束自己的生命。Waterloo 是拿破仑在欧洲惨败的地点，这一电影片名激发了欧美观众的想象，认为发生在这个地点的故事一定是个悲剧。对于中国读者来说，由于文化积淀的不同，如果直译为《滑铁卢桥》，便很难产生与欧美观众趋同的感受，而译名《魂断蓝桥》则将悲剧情节直接呈现了出来，这种功能对等的翻译使得观众感受趋于一致。在习语和谚语的翻译中，英汉语之间也存在不少文化空缺，采用功能对等的策略能有效弥补其间的差异。例如，“God helps those who help themselves”可以译为“自助者天助也”，基督教文化中的 God 在中国文化中可以对应为“天”，如此一来，译文读者的感受也就与原文读者基本一致了。汉语谚语中有“说曹操，曹操到”，译为英文是“Speak of devil，and he appears”；“新官上任三把火”可以译作“New broom sweeps clean”。这些中英文谚语有基本相同的内涵意义，所以可以按照功能对等的原则翻译出来，使译文读者能与原文读者具有相同的感受。

3. 原作者的写作目的还是译者的翻译目的

翻译是一种有目的的行为，译文就是翻译的结果。翻译将目的法则视为首要法则，翻译的结果—译文决定着翻译的整个过程。译者通常以读者的文化背景为基础，依据翻译目的完成客户委托的翻译纲要和内容。因此可以认为翻译是为了实现某种特定目标进行的活动。译文的内涵应与原文保持一致，也就是说，翻译者在进行翻译时，不仅应尊重原文作者的真实思想，还应与作者、出版机构、客户等共同交流翻译意见，合理安排翻译任务。

大多数情况下，译者和原作者有着基本相同的目的。就好像产品说明书的目的是为人介绍产品，做广告的目的是宣传销售，签订合同是为了达成某种交易目的一样，译者也会根据翻译的内容和语境进行翻译，使读者了解其中的内容，体会到原作的目的。从实用主义的角度来看，很大一部分译文所表达的目的与原文一致，但是，这并不代表所有的译文都具有和原作相同的目的。译者在进行翻译活动时，不仅需要考虑翻译目的与原作目的、译文的服务对象与原作的服务对象的区别，还要考虑翻译原作在流传过程中版本的变化。

译者在翻译应用型文本时，通常需要重点研究作者的创作目的，重点考虑其与自身翻译目的的差异。当译者对科技、法律、新闻、公式、经贸等方面的文本进行翻译时，不能一味追求译文和原文之间的对等关系，这种情况下，翻译不再是不同语言之间的转换，也就是说不再要求译文忠实原文。

译者在进行翻译之前应先了解委托人的要求，明确翻译对象、译入语、译出语、面向对象的基本信息，接着了解原文的文本类型、文本大纲和创作目的，再分析原文的语境及传达信息，最后综合以上所有元素，制订合适的翻译策略再进行翻译活动。在翻译过程中，译者应结合原作的文本类型、目的和语境等，对原作的语用特点和语域作出分析，整体把控全文的翻译节奏，适当遵守翻译原则，出现问题及时想办法解决。译者在翻译时，应从整体上把握原作传达的思想，认真分析原作的篇章、段落、句子甚至词汇，避免偏离原作。

4. 以原文作者为中心还是以译文读者为中心

19 世纪初，德国哲学家、评论家弗里德里希·施莱尔马赫（Friedrich Schleiermacher）提出了翻译中的两条道路，一是译者要么尽可能地不打扰原文作者，让读者向原文作者靠拢；二是尽可能地不打搅译文读者，让原文作者向译文读者靠拢。施莱尔马赫倾向于第一种翻译道路，即让读者向原文作者靠拢。而要实现这一目标，译者须采用与归化（naturalizing）相对的异化（alienating）翻译方法，使读者向原文的语言和内容靠拢。施莱尔马赫的主张开启了 20 世纪后半叶以来翻译研究的新途径，为翻译标准的转变奠定了基础。

原文作者中心 / 译文读者中心这对概念与靠近原语 / 靠近译入语、重原文形式 / 重原文内容等概念都从不同角度关注相同的问题，即质疑传统的以原文为中心的翻译标准。通常情况下，译者不需要完全按照译入语的习惯和形式翻译，只要将原文的内容翻译出来就可以。但是，当作者在创作原文时使用了特殊的文本形式时，译者就需要重点结合原文的文体特征来翻译。传统的翻译观念认为作者与译者具有严格的主从关系，作者具有权威的地位。而在现代翻译观念中，译者成为翻译的主体，译者为读者进行翻译服务时，需要在自身丰厚的文化素养基础上，依据原作的社会背景、文化、语境等特征将原作的内容和意义通过译文完善地表现出来。

二、汉英翻译的过程与标准

（一）汉英翻译过程

翻译包括理解和表达两个步骤。理解是表达的基础、前提和先决条件，只有理解了原作的创作背景、创作目的、框架、内容、语境、表达的思想以及蕴含的意义等，才能够结合委托方的需求和读者的文化背景，通过译文进行准确的表达。表达是理解的深入形式和必然结果。理解不到位通常是翻译效果不好的根本原因，如果译者能够深入理解原文的内容，能够熟练地使用译出语进行翻译，那么翻译活动就会进行得更加顺利，翻译的效果会显得更为自然。

这种理解并不是一个简单的过程，其复杂之处主要在于译入语和译出语在形式和文化上的差距、书面语和口语之间的差别、时代背景的不同以及语言和思想的不同步等，由此决定了理解的步骤：一是观察和研究原文的用词和语法；二是分析、理解原文呈现的语境；三是了解原文的文化背景和创作目的。理解只是翻译过程的前半部分，后半部分是表达。表达时要依据充分、准确、通顺和恰当的原则，这也是决定译文质量的关键因素，译文能够检验译者对原文的理解程度。

基于以上分析，可以看出翻译的基本过程：原语文本—理解—构想—目的语文本。从原语文本到目的语文本其实就是字里行间的翻译过程，其中包括信息发出者、译者、信息接收者、原语及文化、目的语及文化等诸多因素，原语与目的语因译者而产生的交集部分就是翻译的过程。翻译包括表层翻译、深层翻译和篇章翻译，每一个阶段的翻译过程都不尽相同。表层翻译中，翻译的过程可以归纳为原语—中介语（不同语言使用者公认的共同语言）—目的语。深层翻译的过程是原语—分析—转换—重组—目的语，即对原语进行分析以后通过转换和重组用目的语进行表达的过程。篇章翻译的过程是原语语篇的接收—构思—形成—目的语语篇。

（二）汉英翻译标准

1. 文学翻译标准

国内经典的翻译标准包括严复的“信、达、雅”，鲁迅的“易解”和“保存原作的风姿”，林语堂的“忠实标准、通顺标准、美的标准”，傅雷的“神似说”，钱钟书的“化境说”，许渊冲的“三美说”，刘重德的“信、达、切”。

究其精髓，一在意义保持原文风貌，不背弃原文（“信”“忠实”“保存原作的风姿”）；二在超脱于原文形式，发挥目的语语言的特点，将原意流畅地表达出来，即脱壳转世，保持精神资质（“达”“通顺”“神似”）；三在“译本对原作应该忠实得读起来不像译本，因为作品在原文里绝不会读起来像经过翻译似的”（“化境”“意美”）；四在意义居首，音次之，形式第三（“三美说”）。

国外翻译标准最具代表性的是泰特勒的“翻译三原则”和奈达的“读者反映论”。“翻译三原则”指的是：①译作应完全复写出原作的思想；②译作的风格和手法应和原作属于同一性质；③译作应具备原作所具有的通顺。其精髓在于译者首先要精通原作语言，同时熟悉所译材料，能很快辨认原作风格特色，然后复写原作思想，并能在译文中明显地表达出来。

“读者反映论”指的是译文接收者和译文信息之间的关系应该与原文接收者和原文信息之间的关系基本上相同。翻译的重点不应当是语言的表现形式，而应当是读者对译文的反应。奈达指出，“要判断某个译作是否译得准确，也必须以译文的服务对象为衡量标准”。此标准是以译文读者为定位，同时将其与原作读者的反应作对比，观察其是否一致。除此以外，还存在“等值”“功能对等”等标准。

2. 应用文体翻译标准

应用文体的翻译是以传达信息为根本目的，同时注重信息传递效果的翻译。特点是实用性强、应用面广。

汉语文体具有多样性和复杂性特点，可以依照历史（秦汉、唐明清）、体例（文言文、现代文、书面文、方言）、场合（正式、非正式）等进行划分。而在此要讨论的是现代书面文的划分。

现代文一般分为文学文体和实用文体，文学文体包括诗歌、散文、小说和戏曲；实用文体包括论说、说明、纪实和应用类文体。其中应用类文体的分类最为广泛，包括书信（私人、事务、公务信件）、通告（公告、通知、备忘录等）、启事（法律通告、招聘、招生等）、会议文书（会议通知、日程、记录等）、报告、演讲、广告、法律、新闻、科技等。

广告是一种促进销售的经济性活动，也是一种文化交流活动。保持文本的忠实性是翻译广告的重要要求，此外，翻译广告时，还需要重点表现出产品的经济特点和文化特点。由于我国和外国在文化、语言等方面具有巨大的差异，所以同一产品的汉英广告也会有很大不同。因此，应参考“忠诚 + 创新”的标准对广告进行翻译，忠诚的对象不仅是原广告内容，还有要面向的顾客群体；创新要求进行翻译时灵活运用译出语有创造性地表达原文，突出产品的文化内涵和销售卖点。

法律文体包括国家法律法规及各种根据相关法律法规制定的契约、合同等，这一类文本用词准确，内容严谨规范，逻辑性强，专业性强，通常含有较多注释性、补充性语言。在对这类文本进行翻译时，不仅应保证译文通读顺畅，还应重点关注其内容的逻辑性，忠实于原文，确保翻译用词精准，保持原文的专业性及严谨性。

新闻文体包括新闻报道和专访、评论等杂志文章，这一类文体的要求是能够高效传递重要的信息。因此，在对这一类文章或著作进行翻译时，要遵循忠实、重组、概要原则。其中，忠实不仅要求对原文忠实，还要求忠实于真实信息和客观事实；重组就是按照一定的编辑要求，重新安排原文中的句法结构、章节要求以及各方面内容的排列顺序，重新编辑。编译和摘译是新闻类文本翻译的首选翻译方式。

科技文体中包含大量的研究报告、项目说明、学术著作等专业性内容，是随着科技发展形成的一种较为独立的文本类型。科技文本使用了大量的专业术语，全篇条理清晰、内容规范、结构严谨，具有客观性、严密性、严谨性等特征。因此，忠实原文是翻译这一类文章的重点要求。此外，译文还应遵守用词地道、专业、简明的原则。其中，地道原则要求译文符合科技语言和国际标准的规定；专业指译文用词符合行业规范，符合专业标准，贴合原文；简明就是语句流畅，简洁明了，要求译文表意清晰、层次感强，能够表达出科技文体严谨的逻辑关系。

不管是哪一种应用类文体，都需要译者对具体文本作出准确的文化、语言和专业判断，并根据文本特色选择恰当的指导性标准。

三、译者素养

（一）扎实的理解分析能力

不同的语言对应着不同的民族文化，在进行语言转换翻译活动时，译者应先了解原作的创作风格、社会历史背景，了解作者的表达习惯和想要传达的中心思想，对原作有比较深刻的认识和研究，从多种角度把握对原作的翻译，传达原作的思想内容。

（二）高超的语言水平

翻译就是转换文体使用的语言，以满足读者的阅读需要。读者对译文翻译质量的要求越来越高，这就需要译者能熟练地掌握译入语和译出语，对原文有深刻的了解，进而能够准确把握原文的思想，并灵活运用译出语将原作的内容精准地呈现在读者面前，做到翻译时无偏差、无遗漏。翻译不同于创作，必须保持与原文高度密切的联系，完整、准确地将原文的内容、情感、意义表现出来。翻译并不是将词语、句子简单翻译成另外一种语言的过程，而是用不同的语言传递不同的文化、精神的过程。

（三）深厚的文化修养

民族语言承载着民族的文化，是民族文化和民族精神的外在表现形式。优秀的译者不仅需要有深厚的本民族文化修养，还应具有很高的译入语文化素质，熟悉两个不同民族的历史和文化，以对原作深入理解、精准再现。例如，从事英汉互译的译者不仅需要了解我国的文化历史，还应该熟悉西方文化，这样才能在翻译中从容地切换语言，顺利流畅地完成翻译工作，使读者了解异域文化与本土文化之间的差异，欣赏异域文化的优秀之处。

（四）丰富渊博的知识

随着人类文明不断进步，人类社会时刻迸发新的思想、新的主张，科技发展日新月异，专业术语层出不穷。对于翻译来说，知识的领域在不断地扩展，翻译术语、翻译方式变得更加丰富，表达效果越来越生动形象，同时译者也随着世界的变化加快了进步的步伐，不断学习先进的翻译技巧，了解更多不同民族的知识，以充实自己、提升自己。

（五）灵活变通的能力

虽然翻译有固定的几种翻译方法和翻译原则，但在现实生活中，翻译并非由定律等条条框框规定的刻板的活动，翻译涉及两种或多种不同的语言和文化，涉及多种底蕴丰厚的人文历史文化，涉及各种各样的层面。尤其对于文学性文本，译者需要依靠强大的变通能力进行翻译，而不是死板地按照翻译规律进行翻译，换言之，充分发挥自己深厚的文化素养和优秀的语言能力，才能转换创作出贴合原文、生动传神的译文。

第二节　翻译基础理论概述

一、翻译的可译性与不可译性

关于这个问题，翻译界一般持三种观点：可译、不可译和相对不可译。可译论者认为语言存在广泛的共性，人类享有共同的思维逻辑能力以及认知表达能力，不同语言之间的交流和翻译不仅可能，而且已然成为在客观世界中正在发生和进行的事实。人们在主客观世界的相互作用下，思维认识方面存在相同或相通的一面，因而具有认知表达功能的语言即便是在不同的民族交往活动中也具有可理解性，这就是可译性存在的原因。

不可译论者认为，每一种文化和语言在发展过程中都形成了其独特的特点，不同的语言承载着不同的风俗习惯和思想观念，代表着不同的历史文化，翻译中不替换这些词汇将会保持原文独有的风格特点，保证在翻译传播的过程中各种文化具有的独特的特点不会消失，世界文化的多样性不会被破坏。此外，每种语言都具有其独有的语法结构、词汇音系以及不同的修辞方式，在翻译的过程中很难转述，强硬的翻译只会造成文化信息缺失，无法完整表述原文的语言风格。德国语言学家洪堡特认为，可译性和不可译性共存于文本中，二者具有对立统一的关系。

相对不可译指的是暂时不可译。不同的语言词汇具有不同的文化功能，词汇的意思会随着句式结构、语境的改变而变化，即使使用不同的语言对同一种概念进行表述，两种语言的表述结果也会存在差别。一部分语言在翻译中能够做到丝丝入扣，即使存在细微的差距，在译者扎实的语言功底下原文的内涵、思想、感情等仍可以生动形象地传递到译本之中，那么这一部分语言就是可译的。然而，还有一部分概念无法在不同的语言中表达出相同的含义，甚至原文中有些概念具有“只可意会，不可言传”的特点，强硬转变其使用的语言只会导致原文信息亏损，语言风格混乱，表现不全，那么这一部分语言就是不可译的。

语言的翻译是相对的。在语码转换过程中，文化信息的亏损和语言风格的流失是常见的现象。

例 1　雾锁山头山锁雾，天连水尾水连天。

The mist hangs over the mountain and the sky ends over the water.

以上翻译虽意义尽显，但回文对联的语言特色已荡然无存。译者此时需要做的是尽量减少原语信息的亏损。

二、对等理论

“对等”是现代翻译学中不可忽略的重要概念之一。许多西方翻译理论家在叙述自己的理论时，通常离不开对翻译对等问题的探讨。

谈到对等不得不提的是翻译界的泰斗级人物尤金·奈达。1964 年，尤金·奈达在《翻译科学探索》一书中首次提出了“动态对等”的理论。“动态对等”指的是“在译语中复制与原语信息在语义和语体上最接近、最自然的等值”。

作为译坛的长青学者，奈达并没有止步于“动态对等”理论。他在后来的理论中对其作了进一步补充和修改，并用更加准确的“功能对等”来替换。在“功能对等”理论中，奈达认为“意义是最重要的，形式其次”。

功能对等的操作原则有许多非常实用的暗示：

（1）原文化与目标文化之间的差距越大，就越需要调整。一般来说，文化的差异引起了比语言差异更重要的修改。

（2）原文的风格越独特（不管是怪异的还是睿智的），需要调整的地方就越多。

（3）原听众和目标受众的社会和教育水平差距越大，需要调整的地方就越多。

（4）译文包含的隐性信息越多，需要调整的地方和调整的种类就越多。

翻译调整原则和它们实际传达的意义并不是对形式上、语义上做过调整的例子进行加减运算那样简单的归类。在每一种情况里，译者面临的是相邻两者相近但首尾截然不同的连续体，在这种连续体中，一连串的因素使得翻译调整变得合理。一些翻译理论家试图建立规则，指定具体每种情况该怎么做，但存在太多的情况、太多的流派、太多的受众类型，还有太多的翻译和交流目的。我们需要的不是详细的公式和理论，而是译者对语言来源、文化的重要性以及翻译的艺术有非凡的敏感度。

三、关联理论

在塞尔的言语行为理论、格莱斯的会话含义理论的基础上，20 世纪 80 年代斯博伯（Sperber）和威尔逊（Wilson）首次提出了关联理论。关联理论关注的核心是交际和认知是明示—推理的过程，即交际涉及说话人与听话人对信息的处理，说话人通过明示交际行为，使听话人获取某些信息。对于说话人，交际是明示的过程，即将自己的意图通过明白无误的话语传达给听话人；对听话人而言，交际是根据说话人明示的信息，结合话语信息和语境推理说话人交际意图的过程。

关联理论认为无论发生何种交际行为，都需要保证自身最佳关联，而最佳关联性以人类的交际为取向。也就是说，在日常交际中，听话者向来偏向于使用最小的代价获得最大的认知效果。因此，为了获得最佳关联点，人们必须把注意力集中在最为“关联”的信息上。斯博伯和威尔逊并不认为说话人必须使自己的话语具有最佳关联性，而是说话人必须意欲使听话人相信他所说的话有最佳关联性，从而引起听话人的注意，让听话人认为值得对话语付出心力去处理。如果某一假设获得的语境效果值得听话人花费时间和精力去处理，所需要的处理努力也会使听话人得到相应的补偿。选择处理话语最佳语境的过程就是寻求话语最佳关联的过程。关联理论中的语境是动态的，是听话人大脑中的一系列假设，这些假设与新信息相结合后，听话人大脑中的信息会不断扩展、调整、补充，而语境效果就是新旧语境互动的过程。因此，在翻译时不光需要考虑原语言的情景语境、文化语境和语用语境，还需要寻求最佳关联。这种最佳关联的寻求首先需要译者对原文有准确的把握，然后在译入语环境下进行诠释。译者需要进行语境假设及选择。

四、目的论

弗米尔（Vermeer）以目的论作为基础，依据行为学理论发表了对翻译的观点。他认为，翻译是具有目的性的人类行为活动，而不单单是不同语言之间一对一转换的过程。崇尚目的论的功能派认为翻译不应限制于原作的语言习惯上，在进行翻译时，应从译者的角度阐述翻译这一行为的意义。威密尔认为“任何一个篇章的产生都带有一定的目的，并为此目的服务。目的论规则如下：在文本得到应用并存在有意愿使用文本的人员的情况下，以一种能够使文本按照使用人员意愿发挥作用的方式来翻译 / 阐释 / 表达 / 书写”。

为确保译本能够在译出语文化中具有正常的交际功能，功能翻译理论分为三项原则，分别是目的性原则、忠实性原则和连贯性原则。目的性原则要求建立译入语语篇和译出语语篇之间的功能对等关系，使二者在语言形式、交际功能以及思想内容等方面能够对等，使二者间拥有完整的交际行为；忠实性原则需要译者在翻译时，不仅要保证译文在主题、内容、思想等方面忠实于原文，确保目的语语篇不偏离原语语篇，还要保证译文符合译出语规则，对目标读者的阅读行为负责；连贯性原则指的是译文应连贯，在译出语环境中能够有正常的交际功能，能够让读者接受和理解。功能翻译理论能够限制原文转化为译本的转化程度，保证译入语和译出语的对等关系，也保证译文的交际功能正常，使读者能够顺利阅读。

五、建构主义理论

建构主义理论复杂多样，最近 20 年是其不断发展的时期，以哈伯马斯（Habermas）介绍的一系列理论，尤其是交际行为理论为代表，在理论上为建构主义翻译研究开辟了道路。

传统的翻译标准主要强调译文与原文的统一。不管是“忠实”“忠诚”还是“对等”，终归离不开专注于原文和对等方面的模式。实际上，篇章的含义既不是与生俱来的，也不是永恒不变的，亦不源于读者的意图。因此，建构主义翻译观从以下三个方面来探讨翻译的原则。

（一）坚持知识客观性

对翻译进行仔细的研究，可以发现原文能够反映出作者当时处于何种生活环境，也可以反映出作者的生活方式，原文与作者之间的这种潜在的联系具有知识客观性，而这种知识客观性也存在于译者的前理解之中，表现为译者的前知识（即先见、先存性）。因此，作者与译者之间的联系就在于知识客观性，它决定了译文的质量。而知识客观性同时会受到生活常识、历史证据、地理证据等的限制，当这些常识及证据的真实性存疑时，就会误导译者，导致译文不准确。

（二）理解的科学性

翻译将建构主义视为限定条件有一个目的，就是使作者、译者、读者达成共识，而不是为译者制定固定的目标，因此具有较强的开放性。译者可以通过一篇文章来理解作者的观点和表达方式，在头脑之中形成两种理解。在原文的开放性语境中，理解原文的过程就可以解释成在译者的文化背景下、在译者的前知识和社会知识前理解范围里，译者扮演着与作者对话的角色。

（三）遵循原文定向性

遵循原文定向性为译者的翻译行为提出了规范。翻译不仅包含最基础的释义活动，还要求译者将原文的结构、定向等当作基本依据，不脱离原文的内容、思想、句式、语境及结构等。译者在原文和译本之间搭建桥梁，可促进原作者和读者跨语言交流。因此，译者的翻译关乎是否将原作者在原文中的思想正确传达出来，也关乎是否将原作的内容完整、正确地呈现在读者眼前，让读者通过译本正确理解原作者在创作原文时的思想和内心境界。而译者作为交流的媒介，则必须要先做到了解原文及作者，了解作者所处的社会环境和创作目的，了解原文的结构、内容和思想等，然后自我构建，将自身理解的一切在译文中呈现出来。

第三节　汉译英的特点与意义

一、中国传统典籍的英译

（一）典籍翻译的意义

世界文明在其漫长的发展进程中留下了丰富的文化典籍，这些文献的翻译是人类文明传播的主要方式。典籍是经过历史的淘汰选择，被人们公认的，代表一个民族文化水平所达到的高度、深度和广度的著作。具体说来，中国典籍可以大致界定为“中国清代末年（1911 年）以前的重要文献和书籍”，包括“中国的社会科学、自然科学等各个领域的典籍作品”。

不同的国家拥有不同的起源环境和地域，因此发展出了不同的风俗文化和历史经历，拥有不同的文明，而且不同文明之间又不断地进行交流、竞争、排他等活动。中国是世界四大文明古国之一，拥有丰厚的文化底蕴，从古至今流传着众多宝贵的文化典籍。这些文化典籍承载着中华民族数千年的文化，蕴含着中华民族特有的思维方式，是中华民族宝贵的精神文化财富，也是世界文化的重要组成部分。随着全球经济一体化的发展，翻译已经成为全世界各种文化相互交流、相互融合不可缺少的桥梁和纽带，促进了西学东渐的发展，推进了中学西传的进程。我们在这个过程中不仅需要了解和学习西方文化的优秀之处，而且应努力继承和弘扬中华民族的传统文化，让世界更加了解中国。由此可以看出中国传统典籍的翻译活动的重要性。翻译中国传统典籍不但能够推动中国文化走向世界，还能促进中西方的文化交流，促进世界文化交流和发展。

全球文化多元化趋势愈演愈烈，世界各国的优秀文化应随着这样的潮流走向世界。我国对文化发展的重视、对国内文化多元发展的尊重，促使我国优秀的民族传统文化对全世界产生了影响。无论何种优秀文化都需要与其他文化进行交流，因此我们要在将自己民族文化的优秀之处发扬出去的同时，吸收其他文化的优点，促进本民族文化更好地发展。

（二）典籍英译的现状分析

理想的世界文化交流应该是双向平等的输入与输出，然而历史上的中外文化交流并不对称。

为了改变文化交流中的逆差，实现与大国地位相称的文化输出，中国典籍英译受到高度重视，已上升为国家战略工程。国家在先期启动"大中华文库"工程之后，又投入巨资启动了"经典中国国际出版工程""中国图书对外推广计划"和"中国文化著作翻译出版工程"等项目。其中的"大中华文库"（汉英对照）是我国历史上首次系统、全面地推出外文版中国文化典籍的工程。1995年该工程正式立项，被列入"九五""十五""十一五""十二五"国家出版规划"重大工程"，主要收选我国历代最具代表性的110部经典性著作，上自先秦，下迄近代，内容涵盖哲学、宗教、政治、经济、军事、历史、文学和科技等领域，力图全面展示中国文化的基本面貌和辉煌成就。国家图书馆名誉馆长任继愈先生盛赞它整体筹划周全、版本选择权威、英译准确传神、体例妥当完善，代表了中国的学术出版和翻译水平，浓缩了中华文明五千年历史，可以向世界说明中国。

随着"大中华文库"等文化翻译工程的启动，加入典籍英译事业的中国学者日益增多，"中国英汉语比较研究会"于2002年增设了"汉语典籍英译研究专业委员会"，并已连续召开了7届"全国典籍英译研讨会"，出版了5辑《典籍英译研究》论文集。南开大学、苏州大学、四川大学、华东师范大学、河南大学、大连理工大学等多所高校相继招收了典籍英译研究方向硕士、博士研究生，培养了近百名典籍英译研究方向高水平人才，每年都有多个有关典籍英译的研究课题被列入教育部和国家社科基金项目。

中国传统典籍的英译事业已经取得了重大进步，但与此同时，中国传统典籍的翻译事业随着发展逐渐显露出很多迫切需要解决的问题，如从事典籍翻译的人才无法满足日益增长的市场需求，导致中国传统典籍的英译作品数量较少，难以在海外产生较大的影响。且在国内，中国传统典籍的英译本很少面向国外读者，更多的译本为中国本土读者所消化，如《红楼梦》翻译，霍克斯的译本就在国外畅销，而杨宪益的译本却鲜少受国外读者关注。因此，译者在翻译典籍时，应尽可能地综合典籍选本、译出语文化、译文读者、翻译标准与策略等方面，对典籍有深层次的认识，探索更加有效的翻译方式，摸索更好的典籍译本传播渠道。此外，还应该详细了解东西方译本的差异，虚心学习西方优秀的翻译技巧，纠正自身翻译的不足，遇到问题及时采取相应措施。

（三）典籍翻译的特点、标准与方法

典籍英译就是把古代汉语翻译成现代英语的过程，具有一定的特殊性。在典籍英译的过程中，古代汉语作为译入语，想要翻译成现代英语就必须要先经历将古代汉语翻译成现代汉语的语内翻译过程，再经历由现代汉语译本翻译成现代英语译本的语际翻译过程。在进行典籍翻译时，译者需要掌握原文的精髓，将原文的文化内涵精准完整地用现代汉语翻译出来，然后再使用现代英语翻译现代汉语，从而使用现代英语尽量精确完整地表述出中国传统典籍中的内容和思想等。因此，典籍英译也是一个二度翻译的过程，这一过程需要译者严格遵循译文简洁、流畅，易于读者理解，音、意、形俱美的原则，达到传神达义的标准。译者在翻译时，应考虑原作者的创作背景和创作目的，了解原作的风格、内容、感情等，了解译出语应用规范、社会文化以及读者的阅读需求等。

目前，中国传统典籍的英译作品并没有在海外达到期望的发行效果和影响程度。因为读者的阅读习惯也是影响典籍英译作品传播的重要条件，所以译者在进行翻译时应充分考虑这一点，使更多的典籍英译作品得到更好的传播。译者在进行典籍英译时，可以采用学术性翻译和普及性翻译两种翻译方式。在进行学术性翻译时，由于读者是西方汉学家，译者需要重视译文的研究价值，在翻译时要对原文加以注释，作出解释，同时翻译时可适当采用异化的翻译策略。在进行普及性翻译时，译者要能够通过译文生动传神地将原文呈现出来，翻译时要注重译文的可读性，尊重读者的阅读习惯，同时在进行翻译时可以适当地采用归化翻译策略。

二、对外宣传翻译

（一）对外宣传翻译的定义

汉译英涉及的领域除典籍翻译之外，还涉及我国外交和宣传等领域。自改革开放以来，翻译活动对于我国对外宣传（简称“外宣”）和国际贸易等方面而言日益重要，我国在进行外宣工作时往往会有一些经济、政治、新闻媒体等方面的材料需要翻译，而各行各业都有不同程度的翻译需求，并对翻译提出了多种多样的要求。加大对外宣传力度有利于向世界输出我国的传统文化和价值观念，增加世界对中国的了解，加强中国与世界各国文

化的交流，同时也有利于借鉴其他文化的优点推动我国向前发展，促使中国更大程度融入全球发展的进程之中。

（二）对外宣传翻译的问题分析

随着全球一体化的发展，对外宣传对国家的发展越来越重要，但目前我国的外宣翻译工作仍存在着很多较严重的问题。如今，虽然我国在外宣翻译事业上投入了大量的人力资源和物质资源，但翻译的效果和成果却不尽如人意，如翻译作品数量有限，标识语中存在明显的问题，外宣翻译中用词不当、句式错误等失误非常普遍。虽然有一部分翻译作品并没有语法和用词的错误，但由于翻译时对于读者的阅读习惯考虑得较少甚至不考虑译出语使用习惯，相当多的读者在阅读时遇到了严重的阅读障碍，进而不再愿意阅读译本。国外作品与国内作品在内容上有很大的不同，其中一点就是国内的企业在制作宣传资料或著作文本时，习惯使用大篇幅描述性文字，重点考虑著作的美观性、文学性和艺术性，而国外的作品大多简单扼要、直击主题，而这就导致国内外读者的阅读习惯大不相同。一味地按照国内读者的阅读习惯进行翻译，难免无法引起国外读者的注意而无法使之产生对文化的共鸣。换言之，即使再好的产品和宣传，不站在面向消费者的出发点考虑，也将无法获得大的市场。因此，译者在翻译外宣资料时，除了需要认真了解外宣翻译的特点和性质之外，还需要了解读者的文化背景、生活习俗及阅读习惯，站在读者的角度思考翻译的效果，让读者乐于接受翻译的成果。

（三）对外宣传翻译的策略

外宣英译要求翻译工作者熟知并遵循“外宣三贴近”原则，即贴近中国发展的实际，贴近国外受众对中国信息的需要，贴近国外受众的思维习惯。对于从事翻译的人员来说，最应该注意的是要研究外国文化和外国人的心理思维模式。要达到这一目的，译者应以译入语为归宿，设法处理好英汉在文化、逻辑和风格等方面的差异，使译文在语篇结构、句法结构、语体风格、表达方式等方面符合读者的语言文化和阅读习惯，从而让其明白无误地获取译文所要传递的信息，达到外宣英译的目的。具体说来有以下儿点策略。

1. 在语篇构成上以译入语为依归

我国人民和其他国家的人民生活在不同的地域环境下，受不同的民俗文化滋养熏陶，思维方式及价值观念必然不同。不同的文化背景使不同的民族拥有不同的语言逻辑，汉语的语篇通常由空泛的信息着手，遵守由远及近、由近到远等逻辑顺序，讲究结尾点题，前后呼应；而英语语篇注重对主体描述清晰明了，开篇点题。因此，译者在进行翻译时，应仔细研究读者的思维逻辑和阅读资料，适当调整译文，满足读者的阅读需求。

2. 在语言表达风格上译文应与原文功能对等

汉语在表述时一般会对内容有较多的修饰，比较注重语言是否华丽，常出现同义词语或语句；而英语在表达中讲求内容简洁明快，行文质朴，思维逻辑严谨。因此，英汉翻译活动应遵循译文贴近国外受众的信息需求和思维习惯原则，必要时可以适当对原文进行补充、删改，或对原文的结构进行调整，以便于读者从译文中了解原文的主题内容和思想等，达到对外宣传的目的。

3. 在句式结构上以译出语为依归

英语的句式结构被形象地比喻成“树干结构”，即其句式像树干一样，将主句当作主体，与多个从属句相互连接，表现出“共干多枝”的外在形态，主要依靠主句承载语义的重心；而汉语的句式结构相对来说较为简单，句子中缺少从属的连接，呈竹竿结构，即使用多个逗号将并列分句分开连接的表现形式，并通过上下文的描述搭建对应的语境，分层表达其中的语义。因此，如果不能对应用于语句的结构做到充分了解，一味使用汉语语句结构对英语词汇进行套用，译文将无法为读者所接受和理解。

4. 在信息传递方面以译入语为依归

英语行文简洁明快，逻辑严谨，而汉语相对冗长，一些修饰表达成分没有实质意义，只是在语音上押韵、对偶，读起来朗朗上口。因此，汉译英时一方面要顾及译文读者对原文信息的接受能力，对超额信息进行变通处理，如压缩、解释等，另一方面也应对没有实质意义的修饰成分进行删减，保证信息传递的通畅。

练习题

1. 翻译有哪些分类？

2. 外宣翻译应遵循哪些策略？

第二章　综合比对

第一节　汉英思维比较

思维方式、思维特征和思维风格是语言生成的哲学机制。语言实际上是紧紧地附着在思维这个有无限纵深基础上的结构体。语言既是人们用来表达对客观事物认识的工具，也是思维的主要载体和思维的主要表现形式。

虽然各个地域的人们在地球上生存所需的生态环境基本相同，但不同的地域有不同的环境和不同的发展历史，这就造就了不同的人文文化和生活习惯，使各种族各地域的人拥有了本民族特有的思维定式，更使人类思维呈现出了多样性。了解不同民族之间的思维方式的差异，能够有效削减不同文化之间的交流障碍，从而促进翻译活动成功。

一、整体思维与个体思维

中国古代哲学家倡导一体思想，认为主观世界与客观世界莫不存在于一体之中。《易经》中说“观其会通”，最早提出了以“统一”观察事物的思想方法论。《庄子》提出“泛爱万物，天地一体也”。先秦思想家荀况提出“天地合而万物生，阴阳接而变化起”，把宇宙看作由客观规律支配的统一体。西汉董仲舒以阴阳五行为骨干，认为人与天是相结合的。这种“天人合一”的思想把人与自然、个人与社会看作不可分割、相互联系的有机整体，是汉族人最朴素的辩证思维方法。

与中国传统哲学不同，西方哲学崇尚个体思维。从辩证法的奠基人之一赫拉克利特（Herakleitus）提出整体只有在与个体的对立中才能存在时起，就不断有哲学巨人提倡个体思维的价值。索福克勒斯（Sophocles）提出“每个人都应有自在的个性”。亚里士多德（Aristotle）主张一般不能脱离个别而存在，事物的本质存在于“一般中的个体”之中。从笛卡尔（R. Dcscartes）个体元素决定整体的“观念原子论”到伯特兰·罗素（Bertrand Russell）的“逻辑原子论”，均强调构成整个世界的各个元素毫无联系。整体思维把事物的各个方面综合成统一整体进行思考，把事物的各个属性结合起来得到一个完整的认识，而个体思维是把对象分成各个部分逐一加以考察研究。中国人强调整体性和综合性，而西方人则重视个体性。中医和西医的差别就能说明中国人重整体思维而西方人重个体思维的差别，中医看病以望、闻、问、切等方法综合诊断确定病情，而西医不一样，从解剖学的角度来说，它更重视整体中的局部。

语言是思维的主要载体和表现形式，所以汉英思维的差别在语言方面也有所呈现。汉语重视整体性思维、综合性思维，表现在语言上是要求全面、周到，为了突出整体性框架多采用排比、重复等手法。英语重视个性思维，强调形式结构，表现在语言上是不求整体框架的完整性，但求结构上的严谨性。汉语中有大量的四字词语，特别是前后两部分为并列关系的词语，这也是汉语重整体的体现，如呕心沥血（spare no efforts）、四分五裂（fall apart）等。汉语的四字词语频繁地使用对仗这一修辞手法，语意重复，而翻译时往往只取一部分意义，不必将两部分意义都译出来，以免累赘。

整体的统一性也充分反映在汉语句子的安排上。汉语常用排比、骈偶式结构说理或抒情，使整体节奏和谐、层次清楚、条理分明、感情充沛、气势更为强烈，而英语行文以散行为主。

例 1 可是，我真爱北平。这个爱几乎是要说而说不出的。我爱我的母亲。怎样爱？我说不出。在我想作一件讨她老人家喜欢的事情的时候，我独自微微的笑着；在我想到她的健康而不放心的时候，我欲落泪。（老舍《想北平》）

I do cherish, however, a genuine love for Peiping—a love that is almost as inexpressible as my love for mother. I smile by myself when I think of something I can do to please mother; I feel like crying when I worry about mother's health. (*Fond Memories of Peiping* — Lao She，张培基 译）

英语中也有骈偶的现象，但是英语中的骈偶远少于汉语。汉语中成对的谚语，译成英语时常译成散行。

例 2 远在天边，近在眼前。

Right here.

例 3 一言既出，驷马难追。

A word spoken is past recalling.

二、具体思维与抽象思维

中国传统哲学在注重"玄览"的同时，又倡导重具体、重物象的思维风格，特别表现在受哲学思想影响很深的美学文论中。汉民族传统思维是一种具体、形象思维，重视以物象来体现或比喻抽象的事物，从具体的角度来观察事物，以形象理解和认识抽象的世界。

西方哲学传统注重逻辑与形式论证，有实证和理性思维传统。英语在注重形象的同时又善用抽象表现法。英语民族习惯抽象思维，以概念、推理和判断为基础，崇尚科学和理性，注重思维活动的严密性、明确性和确定性。

中国人的具体思维表现之一是汉字的象形性。象形字有重要的表意特征，如"人"（像侧面站立的人形）、"目"（像眼睛）、"山"（像一座山）、"雨"（像水滴从天上的云层落下）、"册"（像古时用线穿起来的竹简）。汉语的指事字也很形象，如"上""下""刃""日"。会意字和形声字也有一定的表意作用，如"从""森""品""烤""材""消"等。

英美人抽象思维方式的特点体现在英语词语的功能性上。英语中有大量的前缀和后缀都可以使词义虚化。trans-（转变、改变），如 transport（运输）、transplant（移植）、

transform（改造）、translate（翻译）；-ism（主义），individualism（个人主义）、realism（现实主义）、materialism（唯物主义）、terrorism（恐怖主义）、socialism（社会主义）；-hood（时期、状态），childhood（童年）、boyhood（少年时代）、adulthood（成年）、neighborhood（邻居）、falsehood（谬误、谎言、虚假）等。

中国人喜欢用具体的形象比喻抽象的事物，托物言志。元代马致远的《天净沙·秋思》可以说是中国人重视具体形象的一个典型："枯藤老树昏鸦，小桥流水人家，古道西风瘦马。夕阳西下，断肠人在天涯。"28 个字勾勒出一幅清新幽静又有几分萧瑟凄苦的画面，故有"枯藤老树写秋思，不许旁人赘一词"之誉。

三、顺向思维与逆向思维

顺向思维是一种由因导果的思考方式，是一种按照先后顺序对发生的事件进行推理得出结论的思维方式。逆向思维指对常见事物或观点朝着反方向思考，从结论往回推导，更加全面地观察揣摩某项事物。

在中国哲学思想中，"言有序"很重要，中国哲学在对立统一观方面总是将"顺与逆""正与反"一视同仁，而且排在前面的总是"顺""正"。

中国人顺向思维的习惯体现在词语表达上，如春夏秋冬（时序）、远近驰名（空间序）、东南西北（顺时方位序）、大惊小怪（体积序）、心想事成（施受序）、水落石出（因果序）、唾手可得（手段结果序）等。

英美人逆向思维的习惯在语言表达上也有体现。

例 4　They remarked now he took a different scat from that which he usually occupied when he chose to attend divine worship.

他往常做礼拜的时候，总坐在固定的座位上，可是那天他们发现他不坐老位置了。

线性序列的差异也体现为英汉两种语言采用截然不同甚至相反的语言形式描述同一事物、行为或现象。

例 5　东南

southeast

例 6　2013 年 5 月 16 日

16th May, 2013 或 May 16th, 2013

例 7　九折

a ten percent discount

四、主体思维与主客体融合思维

中西方文化是两种不同的文化，中国文化以人本为主体。古代道家的代表人物老子主张"人法地，地法天，天法道，道法自然"。儒家的孟子亦云："万物皆备于我矣。"国学大师钱穆指出，中国文化以人文为中心，以人生为本位，最富人文意识，最重人文精神，中国文化本质上是一种人本文化。这种人本文化的长期积淀，促成了汉民族本体型的思维方式，即以人为中心来观察、分析、体验和研究事物的思维方式。

西方文化以物本为主体，以自然为本位，把客观自然世界当作中心来观察，侧重于对自然的分析和研究。这种把宇宙自然看作人类对立面加以研究的观念，逐渐促成了客体型的思维方式，即把客观自然世界当作观察、分析、推理和研究的中心。

中国人以“人”为思维中心，西方人对客观“事、物”予以更多的关注。这两种思维方式反映在语言形态上，就是在描述事理的过程中具体表现为：汉语多用主动语态句，多用“人称”主语，主语亦可省略；英语则是被动句与主动句并重，人称和非人称主语并重，主语一般不能省略。

例 8 Much effort was made in determining the differences between the schools of painting.

为了弄清两个画派的差别，他们费了不少功夫。

例 9 Visitors are requested not to touch the exhibits.

观众请勿触摸展品。

例 10 The thick carpet killed the sound of my footsteps.

我走在厚厚的地毯上，悄无声息。

例 11 Whoever plays with fire will be perished by fire.

玩火自焚。

第二节 汉英文化比较

语言是人类习得行为方式的总和。它既是文化的组成部分，又是文化的载体。翻译是跨语言、跨文化的交流活动，研究翻译离不开对“文化”的学习，正如王佐良先生指出的“翻译者必须是一个真正意义的文化人”。[①] 文化是一个社会所具有的独特信仰、习惯、制度、目标和技术的总模式，它包括一切人类社会共享的产物。由于文化包罗万象，涵盖面极其广泛，对文化的分类也因此林林总总。尽管角度不一，文化归根结底都涉及物质和意识形态两个领域。

一、生态文化对比

生态文化是指基于所在地域的自然条件、地理环境和生态环境所形成的文化。它是一个国家和民族最表层的外部条件。由于生态文化存在差异，不同民族对同一事物或现象

---

① 王爽，黄光芬．王佐良与英美现代诗歌在中国的译介[J]．外国语文，2020，36（4）：122-129.

的语言表达形式可能不尽相同。中国人的祖先居住在亚洲东部北温带，气候温和、半封闭的大陆型地理环境使中华民族的衣食住行、喜怒哀乐都与“山、水”相连。汉语中的“大好河山”“黄河之水天上来”“人心齐，泰山移”“土生土长”等都体现了中国的地域色彩和古时小农经济特点。

而英国人的祖先居住在干燥的平原和海岸边，长年累月受到暴雨风霜的袭击，为了生存，人们不得不与恶劣的海洋环境抗争。英语中有不少谚语都与“河、海”有关。

例 1　all at sea

不知所措

例 2　keep one’s head above water

奋力图存

例 3　know the rope

熟悉内幕

例 4　never fry a fish till it is caught

鱼未捉到，别忙煎鱼。

例 5　between the devil and sea

在魔鬼与海洋之间选择，即“进退维谷”。

有趣的是，在表达同一现象时，汉英两种语言会选用不同的形象寓意。

例 6　挥金如土

spend money like water

例 7　天涯何处无芳草

There are so many fish in the sea

例 8　不要班门弄斧

Don’t teach fish how to swim

例 9　All is fish that comes to one’s net

捡进篮子就是菜

例 10　drink like a fish

牛饮

例 11　as mute as a fish

噤若寒蝉

地理位置的不同还会导致气候的差异。中国地处东半球，东临大海，西靠亚欧大陆，暖风从东袭来。因此东风是温暖、希望的象征。唐朝《寒食》云：“春城无处不飞花，寒食东风御柳斜。”明朝兰茂亦作：“东风破早梅，向暖一枝开；冰雪无人见，春从天上来。”“万事俱备，只欠东风”“东风送暖”这些词语都体现了东风在汉语中的积极色彩。西风在汉文化中寓指寒冷、落后，如“遥夜泛清瑟，西风生翠萝”。

二、物质文化对比

世界各个民族在长期辛勤的劳动生活中逐渐形成了各自的文化，共同创造了灿烂的人类文明。人类文明包括精神文明和物质文明，物质文明指的是一切和人类活动相关的产物，具体存在于人类的衣食住行等各个方面。随着经济全球一体化的发展，汉英民族物质文明发展程度逐步大致相同，但由于所处地域、环境、风俗、文化等不同，两种文化中仍各自存有很多独特的事物，所以在语言的表达方面就出现了词汇空缺、对应不全的现象，即在一种文化中出现的语义无法从另一种语言中找出描述它的词语。

中国传统服饰文化里有“长衫”（cheongsam）、“旗袍”（qipao）、“唐装”（Tang suit）、“马褂”（mandarin jacket）、“中山装”（Chinese tunic suit）。英语里有“jacket”（夹克衫）、“tuxedo”（燕尾服）、“bridal veil”（婚纱）、“gown”（睡袍、礼服、长袍）、“robe”（睡袍、礼服、长袍）。然而随着各国间交流的增加，一些民族独特的物质文化在别国不再陌生，如现在不少中国年轻人结婚会选择西式的婚纱和礼服。

中国的饮食文化博大精深，特色美食数不胜数，如“汤圆”“饺子”“春卷”“杂碎”“皮蛋”“粽子”“八宝菜”“驴打滚”“东坡肉”等。翻译这些词汇大多采用音译法或者结合烹饪方法译出原材料。英语国家也有不少特色食品，如“salad”（沙拉）、sandwich”（三明治）、“hamburger”（汉堡包）、“hot dog”（热狗）、“sherry”（雪利酒）、“cheese”（奶酪）、“butter”（黄油）、“jam”（果酱）、“bacon”（熏肉）等。虽然很多食物在别国也能品尝得到，但其承载的文化意义对于外国朋友来说却很难体会。比如，外国朋友在品尝“月饼”（mooncake）时很难想到它象征团圆美满。

三、社会文化对比

语言是社会文明的结晶，是人类文化的具体表现。语言凝聚着世代传承的民族精神，承载着民族的社会意识、价值观念，与民俗习惯交织缠绕潜藏于人类生活的方方面面。汉英两种语言具有较大的差异，这一点也体现了汉英民族之间的风俗文化差异。

儒家思想在我国两千多年的封建社会发展史中占据统治地位，对我国的发展产生了非常深远的影响。儒家思想并不关注自然发展规律，反而关注伦理道德和现实政治，关心人道、人生之理。儒家思想重视人的道德，注重亲情伦理关系，因此中国人重视亲情，讲究尊敬长辈、爱护幼小。而在欧美国家家庭中，亲人之间不论资排辈，地位平等，以朋友模式相处。在中国自古就有“父母在，不远游”的古训，而在欧美国家，子女成年后就不再依靠父母，不与父母同住了。

中国人重伦理的体现之一就是重宗族关系。中国人在称谓上经常用“老”，“老”往往是智慧和权威的象征，如“老张”“老刘”“老教授”“老中医”。中国人一般不直呼其名，否则会被认为没有修养，不懂礼貌；西方的称呼习惯与中国人相反，西方人不愿意别人说

"老"，称呼时一般直呼其名。

汉语中的称谓词分类具体，相当复杂，而英语中的称谓词很笼统。"cousin"囊括了汉语中"表姐""表妹""表兄""表弟""堂姐""堂妹""堂兄""堂弟"等称谓。中国人比英美人更看重家庭谱系，在中国讲辈分，长幼有序，如汉语中的称谓词有"高祖父母""曾祖父母""祖父母""父母""子""孙""曾孙""玄孙""来孙""仍孙""云孙"等。而在英语中，没有"来孙""仍孙""云孙"等相应的称谓词。

中国提倡"中庸之道"，"中"是儒家追求的理想境界。在交流中，中国人喜欢用"我觉得""我尽量""差不多""可能""也许""大概""应该""估计"这些模糊词语，一是有婉言谢绝之意，以便不伤害对方的面子；二是推诿的需要，万一不能完成，出了差错，也有台阶可下。但是西方人，特别是美国人，性格开朗豪放，说话开门见山、直奔主题，过多的模糊词会给他们模棱两可、言不由衷的感觉。中国人说"我尽量……"（I will try my best to...），西方朋友会认为这是肯定的回答，觉得事情成功概率高，而中国人听到这句话后则明白事情成功的可能性并不大，因为这句话表明有两种可能：一是争取完成任务，二是委婉地推脱。

中国人的思考方式是立体的、阴阳互补的。比如，今天有一个讲座，外国人问中国同事："今天有讲座吗？"有些人就会回答："可能吧。"外国人听后会感到困惑：到底有没有讲座呢？他们会认为中国人的回答太奇怪了，因为西方人的思维模式是流线型的二元的思维模式，要么是肯定，要么是否定。而中国人认为事情可能有多个发展方向。

民俗风情是人类社会历史发展过程中积累下来的精神财富，是人类文化的一个重要组成部分。中国和西方国家的节日及习俗有着比较明显的差异。中国的传统节日，如春节（the Spring Festival）、元宵节（the Lantern Festival）、端午节（the Dragon-Boat Festival）、中秋节（the Mid-Autumn Festival）、重阳节（the Double Ninth Festival）等，基本以家庭为中心，节日里阖家团圆，礼拜老人，走亲访友，体现了中国人尊老爱幼、互叙亲情的美德和风尚。西方的节日，如情人节（Valentine's Day）、愚人节（April Fool's Day）、万圣节（All Saints' Day）、圣诞节（Christmas）、复活节（Easter）等更多地表现出互动性、众人参与性和狂欢性。这些节日符合现代社会人们渴望互相交流、群体参与的愿望，打破了年龄、辈分、职业的束缚，体现出人人平等、自由表现自我的特点。

四、语言文化对比

汉语和英语分属两个不同的语系。汉语属于汉藏语系（Sino-Tibetan Family），英语属于印欧语系（Indo-European Family），两种语言的拼写、读音、文字形象、表达形式等方面存在着天壤之别。汉语汉字由"横""竖""撇""捺"等各种笔画组成，笔画就是组成汉字的基本单位，而汉字组合排列构成词汇，词汇组合成能够表达完整意义的句子；英语以26个字母为组成单位，从这26个字母中选取部分排列组合就是单词，多个单词汇成语句能够表达出较为完整的意义。每一种语言都有另一种语言不具备的特点，具有独特的语言特色。例如，汉语句子“人曾是僧人弗能成佛，女卑为婢女又可称奴”都是通过拆字合字这种文字游戏巧妙地道出事理。英语短语“No X in Nixon”采用回文（palindrome）的表现手法赞扬尼克松的英明。又如，What makes a road broad?—The letter “B”. 则运用英语单词拼写的特殊性开玩笑。

比喻在汉英两种语言中的运用都极其广泛，受多种文化的影响，汉语成语与英语词语的喻体可谓五花八门，有些具有对等性，有些则完全不同。

相同的例子有：

例 12 一箭双雕

kill two birds with one stone

例 13 水滴石穿

constant dropping wears away a stone

例 14 趁热打铁

to strike while the iron is hot

例 15 空中楼阁

castle in the air

例 16 大树底下好乘凉

great trees are good for nothing but shade

例 17 他没有自己的观点，只会鹦鹉学舌。

He doesn't have an idea of his own. He just parrots what other people say.

喻体不同喻义类似的例子也不在少数：

例 18 守口如瓶

as dumb as an oyster

例 19 掌上明珠

apple of one's eyes

例 20 杀鸡取卵

kill the goose that lays the golden eggs

例 21 热锅上的蚂蚁

a cat on hot bricks

除此之外，还有一些带有各自文化背景的喻体，如“伯乐相马”“东施效颦”“太公钓鱼”“南柯一梦”“八仙过海”“邯郸学步”“Trojan horse”“Catch-22”“Pyrrhic victory”。

此处就汉英语言文化作出简要对比，下文将从语音、文字、词汇、句子、篇章等方面对汉英两种语言作出较为详细的讨论。

第三节　汉英语言比较

一、汉英语音对比

英语的音素（phoneme）分为元音音素（vowel）和辅音音素（consonant）两大类。其中元音音素 20 个 [单元音（monophthong）12 个、双元音（diphthong）8 个]，辅音音素 24 个（若将 /ts/、/dz/、/tr/、/dr/ 也归为辅音，则有 28 个辅音）。汉语的音素分为声母（initial）和韵母（final），其中声母 23 个，韵母 24 个。英语用国际音标注音，汉字用拼音注音。

音节是语音的基本结构单位，任何字词都是分解为一个个音节朗读的。汉语是单音语言，英语是拼音语言。单音语言所用的字都是单音节的，但拼音语言所用的字大多数是多音节的（如下文所述，不排除拼音语言有一些单音节词语的存在）。同样的意思用汉语和英语表达是完全不同的，所包含的音节数目也不相同，如汉语中"安理会"只有 3 个音节，翻译成英文是"security council"，共有七个音节。

英语单词有单音节（如 put，desk，coat）、双音节（如 student，sheriff，modern，market），也有多音节（如 tomato，positive，arrangement，identification）。音节分为重读音节和非重读音节，英语单词的重音基本都是固定的，但有些单词重音有多种选择。英语的句子也有重音。在语流中，并不是所有的重读音节都重读，通常重音和轻音交替出现，以呈现出节奏感和韵律感。

汉语和英语有很大差别，英语是以重音计时的（stress-timed），而汉语是以音节计时的（syllable-timed）。汉语的每个音节都有固定的声调，声调和音节不好分开，因此较好的方法是把附有声调的音节当作区别词义的单位。汉语的音节由声母、韵母和声调三部分构成。

汉语是声调语言（tone language）。声调有阴平、阳平、上声和去声四种，可以帮助区分不同的词义，如"书"[shū]、"熟"[shú]、"暑"[shǔ]、"树"[shù] 四个字都是单音节词，声母和韵母相同，但声调不同，词义完全不同。据传，明代文学家徐渭曾作了一副对联：

好 [hǎo] 读书不好 [hào] 读书，好 [hào] 读书不好 [hǎo] 读书。

这副对联意在勉励年轻人珍惜好时光，勤奋读书。中国语言学家赵元任所写的设限文章《施氏食狮史》，全篇只用一个音节 shi，却利用不同声调，道出一个生动幽默的故事，展现出汉语的独特魅力。

音调不仅具备辨义的功能，还具备修饰的功能。许多诗词歌赋等古代汉语作品，通过音调的高低变化表演出抑扬顿挫的曲调旋律，将音乐的美感呈现于世人的耳中。唐朝的诗歌非常重视字音的押韵，非常讲究音调的平仄是否协调。不同的五言和七言绝句、律诗在平仄格律上都有严格规律。以唐朝诗人李绪的五言绝句《听筝》为例："鸣筝金粟柱，素手玉房前。欲得周郎顾，时时误拂弦。"根据平仄简表，这首五绝平起首句不押韵，遵循"平平平仄仄，仄仄仄平平（韵），仄仄平平仄，平平仄仄平（韵）"的韵律。现代汉语里不少四字词语也继承了古典诗词的特点，讲究平仄交替，如"风花雪月""珠光宝气""天花乱坠""高瞻远瞩""和颜悦色""画龙点睛"等。

汉语句子常常使用重复的手段使句法更加完整，达成音节的平衡，有时也会将单音节的词汇扩充成为双音节词汇，或将双音节的词汇转变为四音节词汇来调整音节。但在英语中为了使语言简练，很少使用重复的手段调整词汇或结构。

例 1 我们要培养分析问题、解决问题的能力。

We must cultivate the ability to analyze and solve problems.

例 2 他于是蹲下便拔，而门口突然伸出一个很圆的头来。（鲁迅《阿 Q 正传》）

He knelt down and began pulling, when suddenly a round head appeared from behind the gate. (*The True Story of Ah Q* — Lu Xun，杨宪益、戴乃迭译）。

英语属语调语言（intonation language）。狭义的语调单指句子的音高变化，广义上除了音高变化，还包括句子的重音、停顿等超音段成分。英语语调具有语法功能（grammatical function），可以区分意思、句型。

例 3 This is my brother/Sam.

山姆，这是我哥哥。

This is/ my brother Sam.

这是我的哥哥山姆。

例 4 You are going to the station.

你要去车站。

You are going to the station?

你要去车站？

此外，语调还具有强调的作用，能够传达出表达主体的表情，将表达主体的语气、态度、情绪和思想反映出来。英语的语调变化丰富细腻，语调是讲述英语的民族表达情感的主要手段。语调为英语增添了韵律美，甚至有语言学家将语调生动形象地比喻为英语的灵魂。

二、汉英文字对比

文字（script）是语言的书面符号，是人类认识和记忆的符号系统，它的出现往往晚于所记录的语言。

世界上所有文字都是形、音、义的结合。汉英两种文字系统的形音义之间的逻辑关系并不相同。汉字记录汉语时形音义的顺序一般是形→义→音，而英语的一般顺序则是形→音→义。

汉字能够通过形体表示出其意义和内涵，汉字的形体承载着其本身具备的信息，也叫“方块字”。大多数汉字本身的字形与其具备的含义之间关系密切，远超其与读音的关系。古汉字甚至能够将其内容以画面的形式传达出来，人们看到字形就能够联想出它的含义。而现代人们日常使用的汉字早已被简化，表意性不再那么强烈，人们很难从对文字的观察中了解其本身的含义。英语是一种拼音文字，即“蟹行字”，人们根据形体就能够读出其发音，大多数英语词汇的字形和本身的含义没有太多联系。

汉语主要有四种造字方法：①象形字（pictograph），用笔画把事物或现象的外形特征具体地勾画出来，如山、目、册。②指事字（indicative character），是一种抽象的造字方法，如果没有或者不方便把具体形象画出来，就用一种抽象的符号来表示，如上、刃、日。③会意字（associative character），用两个或两个以上的独体字根据意义之间的关系合成一个字，综合表示这些构字成分合成的意义，如从、森、天。④形声字（morpheme-phonetic character），由表示意义范畴的意符（形旁）和表示声音类别的声符（声旁）组合而成，如烤、消、材。古代对造字法有“六书”的提法，除了上述四种以外还包括转注和假借，但严格说来这两种属于用字的方法。

从书写来看，汉字是由笔画（stroke）组合而成的。英文共有 26 个字母，英文字母可以直接表音，但表达意义时往往不是单个字母，而是多个字母的组合。除了 A、I、O 三个字母能单独构成词，其他字母只能是构词成分，与各个字母一起组合成词。

英语构词通常包括七种方法：①派生法（derivation），借助前缀或后缀构成一个与原单词意义相近或截然相反的新词的方法，如 disagree，unhappy，wonderful。②转化法（conversion），把一种词性用作另一种词性而词形不变的方法，如 water（浇水），book（订阅），better（加强、完善）。③合成法（composition，compounding），把两个或两个以上独立的词结合在一起构成新词，如 silkworm，moonlight，high-quality。④拼缀法（blending），将两个词混合或各取一部分紧缩成一个新词，如 smog（烟雾 smoke+fog），heliport（直升飞机场，helicopter+airport），bookmobilc（流动书店，book+ automobile）。⑤截短法（clipping），将单词缩写，词义和词性均保持不变，如 plane（飞机，airplane），lab（实验室，laboratory），flu（感冒，influenza）。⑥逆成法（back-formation），将某些词误作派生词而去掉其词缀构成新词，如 beg（乞求，beggar），gloom（变阴暗，gloomy），edit（编辑，editor）。⑦首尾字母结合法（acronym），用单词首字母组成一个新词，如 VIP（大人物，very important person），TOEFL（托福，Testing of English as a Foreign Language）。

汉语和英语的特征决定了两种语言具有不同的本位思想，分别是“字本位”和“次本位”。在汉语中，任意汉字本身基本上都具有意义，表意性较为强烈。而英语中，单个字母是不具备任何意义的，只能用来支撑词汇的读音，英语靠字母组合成的词汇和语句表达形与义的结合，因此英语中只有构词法和后构造出来的词，没有构字法及其构造出来的字。

三、汉英词汇对比

任何语言都包含千千万万的词汇，这些丰富的词汇犹如零配件一样，通过不同形式的排列组合表达出各种各样的意思。在对任意文本进行翻译时，译者往往会从词汇下手，尽可能准确地理解词汇在原文中的含义，找到合适的译出语进行表达，尽量做到翻译结果语义贴切、表达通顺。以下我们将从词义和词性两个方面对比汉语和英语，便于在翻译时更准确地找到它们的联系。

汉英词义关系比较复杂，我们大致可以将其归纳为：①词义对应（semantic correspondence）；②词义相异（semantic non-correspondence）；③词义空缺（semantic zero）。人类生活在共同的大环境下，对客观世界的认知相似，生活经验和思想感情也大致相同，因此汉英两种语言存在大量词义对应的词汇。例如，树（tree）、水（water）、雨（rain）、药（medicine）、学校（school）、医生（doctor）、朋友（friend）、贸易（trade）、高兴（happy）、牛市（bull market）、环境保护（environmental protection）、通货膨胀（inflation）、趁热打铁（strike while the iron is hot），等等。

有些词语既有指称意义，也有蕴含意义。例如，玫瑰花（rose）是一种植物，因为其外形美观、气味芬芳，长久以来都是美丽和爱情的象征。玫瑰是中外年轻人表达爱意时的首选，苏格兰农民诗人 Robert Burns（罗伯特·彭斯）也曾作歌颂爱情的名篇，取名为 *A Red, Red Rose*（《一朵红红的玫瑰》）。

然而由于自然环境、思维方式、社会历史、文化传统、风俗习惯的不同，汉英两种语言中存在许多不对应的词语，主要表现为词义相异和词义空缺。词义相异主要表现为不完全对应，包括以下三种情况：一是指称意义不完全对应（或部分对应），如山（hill，mountain）、兔子（hare，rabbit）、marry（嫁；娶）、parent（父；母）、ambition（雄心；野心）。二是指称意义对应，蕴含意义不同，如“喜鹊”在汉文化中是吉祥的象征，中国自古有画鹊兆喜的风俗，而 magpie 在英语中则指“叽叽喳喳爱说话的人”或“有收集零碎东西爱好的人”。三是指称意义和蕴含意义都不相同，如“龙”是我国古代传说中的神异动物，有鳞，有角，能走会飞。龙是中华文化的主要图腾，它象征权威和吉祥，在封建时代是帝王的象征，现在大多数华人都自称为龙的传人。dragon 在英语文化中也是虚构出来的动物，但是它有羽翼，无角，鸟头，会喷火，与中国文化中龙的本质不同，因为 dragon 在英语文化中代表邪恶和残暴。

词义空缺是指表示独特文化的词语在另一种语言中没有相对应的词汇。词义空缺是文化现象空缺的结果，翻译时需要采用音译、直译、意译、加注等方式传达原意。例如，豆腐（tofu）、humor（幽默）、shock（休克）、武装到牙齿（armed to teeth）、三八红旗手（a woman pace-setter）、九州（Jiuzhou，a poetic name for China）、铁饭碗（iron rice bowl，a job that is stable，reliable，and guaranteed for life）。

语言中单个词的语法归类称为该词的词性，它是划分词类的根据。汉英词类的数量大体一致，现代汉语的词可以分为两类十一种词性：一类是表示实在意义的实词，包括名词、动词、形容词、数词、量词和代词；一类是不表示实在意义而表示语法意义的虚词，包括副词、介词、连词、助词和叹词。英语单词有十种词性：其中实词类（content words）包括名词（noun）、动词（verb）、代词（pronoun）、形容词（adjective）、副词（adverb）、数词（numeral），虚词类（function words）有冠词（article）、介词（preposition）、连词（conjunction）、感叹词（interjection）。

两种语言词类划分的异同显而易见，汉英词类数量大致相同，然而英语的冠词以及汉语的量词、助词为各自独有。另外，汉语中没有英语的关系词（关系代词、关系副词）和反身代词。翻译时应当将这些异同考虑在内。

例 5 She was with a child.

她带着一个孩子。

She was with child.

她怀着孕。

例 6 go to school

上学

go to the school

去学校

例 7 a tree

一棵树

a flower

一朵花

例 8 He who laughs last laughs best.

谁笑到最后，谁笑得最好。

汉语的语法结构并不十分严谨，其主要注重是否能够将语义连贯地表达出来，而且在表述时对动词用得较多，使用动词的频率远超于英语。在英语中名词使用得比较频繁，因为使用动词时常常会受到人称、时态等诸多限制，而且英语表述中一句话里不可以存在超过一个谓语动词。英语中的介词、名词以及副词等在汉语中都可以表达出动词的意义。

在英语中，动词名词化现象已经非常常见，且大多数的动词能够找出与之对应的名词形式。名词化的词语除了具备被转化后的名词的作用外，还能够表达其他词如形容词及谓语动词等表达的内容。名词化丰富了英语的词汇，使英语的表达韵律更加优美，内涵更加丰富。

例 9　And I say to our fellow members of the world community, let no one see this contest as a sign of American weakness.

我想对世界公民说，不要让任何人认为这次选票争议使美国弱点暴露无遗。

例 10　Patriotism, to me, is the love of my country and right to change things that I don't like by voting.

在我看来，爱国主义就是热爱我的国家，就是有权采用选举方法改变那些我不喜欢的事情。

另外，英语中的代词、连词以及介词、副词的使用频率比汉语高。英语中代词、连词的出现频繁与其语法重形合密不可分。英语句子强调形式和功能，句子成分之间需要用形式标记表明，因此代词、连词作为不可或缺的部分起着纽带作用，它们可以将各成分衔接起来。

例 11　He who has never been to the Great Wall is not a true man.

不到长城非好汉。

汉语中介词使用很少，功能有限，而英语中介词数量多，介词虽然也是虚词，但是它能和不同的词语搭配表达不同的意思，在句中充当不同的成分。

例 12　The dogs went afer the wounded deer.

一群狗在追赶那只受伤的鹿。

例 13　The boy takes after his father.

这个男孩长得像他爸爸。

例 14　He is a man without selfish ideas.（介词短语充当定语）

他是一个没有私心的人。

例 15　With luck, I'll be back in two months or less.（介词短语对应汉语分句）

运气好的话，两个月或者不到两个月我就会回来。

副词在英语中为实义词，由于英语中很大一部分副词由形容词派生而来，因此其数量很多。英语中的副词使用频率高，因为副词不仅可以修饰动词、形容词，还能引导从句，而且它的位置也比较灵活。

例 16　He looked curiously at everyone who got off the plane.

他好奇地打量着从飞机上走下来的每一个人。

例 17　He is seldom late for school.

他上学很少迟到。

例 18　Seldom does he see a film.

他很少看电影。

例 19　I don't like it. Besides, it's too expensive.

我不喜欢它，而且它也太贵了。

四、汉英句子对比

在口头上句子比词语停顿更长一点。句子在书面上通常以文本符号做停顿或结尾，形成一个完整的语义单位，表达完整的内容。本部分将从句子的结构和特征两方面对比分析汉语的句子和英语的句子。

一个完整的英语句子必须具备一致关系的“主—谓”结构，所有其他连带成分和附加成分，如定语、状语、补语都依附在这条主干上。英语句子犹如一棵枝繁叶茂的参天大树，干上有枝，枝上有节，节外生枝。因此，人们把英语句子称作“树式结构”或“多枝共干形结构”。

例 20 Bob Newhart's popularity as an actor and stand-up comedian led to his casting in a number of motion pictures, with some of the biggest film stars in Hollywood and of course, as the cartoon voice of Bernard the mouse.

作为演员和笑星，鲍伯·纽哈特人气颇旺。这使他有机会同好莱坞最著名的演员一起拍摄了多部电影，当然，他还为卡通片中的老鼠“伯纳德”配过音。

汉语对句子中主语、谓语的主干结构关系要求并不严格。大多数汉语句子按照事件的先后顺序或者一定的逻辑顺序排列内部成分，并不要求有分明的主从关系，如果结构层次上没有逻辑要求，则只需要语句通顺，能够表达出句子的意义。汉语的这种逐步连接递进的表达方式与竹子的结构十分相似，因此汉语句子也被叫作“竹式结构”或者“板块式结构”。

除了主谓成分具有不同的特性外，汉英句子在扩展功能上也有各自的特点。汉语基本句具有句首开放性（open beginning）和句尾收缩性 / 封闭性（contracting ending/ closed ending）。具体说来，汉语中的定语、状语无论长短，总是放在中心词之前，形成“左分支”结构。汉语整体上显得头大尾小，因此人们形象地将汉语句子结构比作“狮子型结构”。

例 21 如蒙早日寄来样品或产品手册，不胜感激。

It would be appreciated if samples and brochure could be soon forwarded to us.

例 22 欢迎各位来到中国大连，能与诸位一起庆祝世界居住日，我深感荣幸。

It is with great pleasure that I welcome you to Dalian, China, to celebrate World Habitat Day.

英语句式在扩展功能上和汉语句式相反，英语句式在表述时句首收缩，具有封闭性，句尾由于其较强的后置修饰功能，具有开放性。英语的语序有很强的后置修饰作用，除了作定语的单词以外，英语的修饰成分多数置于中心词之后。英语有时甚至使用形式主语来避免句子头重脚轻，这种“右分支”的特点使得英语句子多为前短后长，因此有人将英语句子形容为“孔雀型结构”。

例 23　I felt a trifle shy at the thought of presenting myself to a total stranger with the announcement that I was going to sleep under his roof, eat his food and drink his whisky, till another boat came in to take me to the port for which I was bound.

我要去见一个素不相识的陌生人，跟他说我得住在他家，吃他的，喝他的，直到下一班船来，把我带到我要去的港口，一想到这儿，我真有点不好意思了。

从句法的特征上看，汉语语句重视语义的表达，具有意合（parataxis）特征，重视语篇中的隐性连贯（covert coherence），词、句、段之间依靠语义及语篇的逻辑关系连接，讲究形散而神聚；而英语语句重视语法结构的严谨性，具有形合（hypotaxis）的特征，英语结构中的显性接应（overt cohesion）非常重要，英语的词汇、句子等凭借连接词和语态转换实现衔接。英语中的介词、副词、关系词、连接词以及各种形态变化，诸如数、性、格、时、体、语态、语气、比较级、人称等都行使其语法功能，起着纽带作用，将句际间各成分连接起来。

通过对比发现，英语注重形式连接的特点非常明显。英语语段中不少形式连接成分在汉语中都可以隐去。

例 24　If you give him an inch, he will take a mile.

得寸进尺。

例 25　The many colors of a rainbow range from red on the outside to violet on the inside.

彩虹有多种颜色，外圈红，内圈紫。

例 26　...once again, the idea worked so well that word got around...

……这一招果然奏效，消息再一次不胫而走……

五、汉英篇章对比

词汇构成了句子，句子按照一定的逻辑和顺序排列组合成篇章，而篇章能够较详细地阐述出内容相关的含义。汉语和英语在文章布局、衔接方法、风格文体、表述方式等方面有很多相似之处。下文将重点研究不同的语体风格和不同的衔接方法对翻译的影响。

从语体风格角度而言，汉英书面文章都可分为事务语体、科技语体、政论语体和文艺语体四类。每种语体在英语和汉语中都有共同的语言特点：事务语体通常格式固定、语言严谨、简练；科技语体词义单一，句法严密；政论语体注重表现力和感染力；文艺语体语言形象生动。

从叙述方法角度，文章可分为描写（description）、叙述（narration）、说明（exposition）和论证（argumentation）四类。不同语体要求不同的表达方式。譬如，事务语体重叙述、说明，要求用词明晰准确，避免产生歧义和误解；科技语体重叙述，要求层次分明；政论语体重论证，需要很强的逻辑性；文艺语体重描写，语言生动活泼，通常表达一定的情感。

尽管如此，有些语体在汉英语篇中的表现依旧存在差异。例如，汉英说理性文章（如政论文、社论文）的文风差异显著。英文以事实说话，强调以理服人、节制情感，而汉语政论文则使用祈使句和战斗性语言，如“我们必须”（we must）、“我们应该”（we should）、“坚决要求”（resolutely demand），这些语言违背了英语论说文的感情诉诸。另外，汉语为了使文章更有说服力，频繁引用圣人书辞、成语典故，在英语读者看来反而分散了读者注意力。汉语文章的一些套话对英语读者而言纯属冗余信息，因此汉译英时可酌情删减。

篇章的衔接手段（cohesive devices）有指称衔接、结构衔接、词汇衔接和语音衔接四种。篇章由词语和句子构成，词和所指对象之间的语义关系称为指称衔接，也称为照应（reference）。根据照应成分参照点的不同，照应可以分为前指照应（anaphoric reference，也称回指照应）和后指照应（cataphoric reference，也称下指照应）。前指照应所指对象位于上文，后指照应所指对象位于下文。

系统功能语言学派人物韩礼德和哈桑（Halliday & Hasan）根据指代对象的不同，把照应划分为人称照应（personal reference）、指示照应（demonstrative reference）和比较照应（comparative reference）。

例 27 I am so grateful to my father for his continuous encouragement during my childhood.

我非常感谢父亲，因为在我小时候他总是不断地鼓励我。

汉英两种语言中都存在人称代词的省略现象。相对而言，英语比汉语的代词省略情况要少。

例 28 Some people got impatient when he was slow in finding a part that they needed. When George hurried, he made mistakes.

有人要零件，乔治找慢了，人家就不耐烦；找得快了，又忙中出错。

例 29 She was pardonably proud of her wonderful cooking.

她自夸烹调技艺高超情有可原。

英语中的“this，that，these，those”，汉语中的“这、那”与句词连用是常见的指示照应，翻译时需要参照上下文，结合语境，选择最合适的处理方式。例如：

例 30 But there was something in Francesca Johnson that did interest him. There was intelligence, he could sense that.

可是弗朗西斯卡·约翰逊身上确实有足以吸引他的东西。她善解人意，这他看得出来。

例 31 I like this movie better than that concert last night. The love shown in the movie is very touching.

与昨晚的演奏会相比，我更喜欢今天这部电影，影片中的爱情十分感人。

例 32 Nothing is more precious than time, yet nothing is less valued.

最宝贵的莫过于时间，而最不值钱的也是时间。

例 33 我也十分得意这幅“大作”，并没有觉得是对老师的不尊重。(钟灵《胡二茄子》)

I was naturally proud of my “masterpiece” , without the slightest idea that it was a nasty insult to him. (*Huer Eggplant*—Zhong Ling，刘士聪 译)。

结构衔接（structural cohesion）是语篇中某一结构与上文另一预设结构相比较而存在的承启关系，也是语境的重要表现形式，它可以通过主位—述位结构或替代（substitution）、省略（ellipsis）以及对偶（antithesis）、对照（contrast）、排比（parallelism）、反复（repetition）、层递（climax）、顶针（anadiplosis）等修辞手段来实现。

汉语是主题显著（topic-prominent）语言，英语是主语显著（subject-prominent）语言。汉语句子强调意义和功能，建构在意念主轴（thought-pivot）上。英语句子强调形式和功能，句子建构在主谓主轴（subject-predicate-pivot）上。这种差异是汉英思维差异在语言层面的体现，是汉语重意合、英语重形合的原因之一。

一个句子除了按句法结构划分为主语、谓语以外，还可以从语言交际功能的角度分为主位（theme）和述位（rheme）。主位是信息的起点，是小句的开始点；述位是除主位以外的剩余部分，即围绕主位加以叙述发展的部分。简单地说，先说的部分就是主位，后说的部分就是述位，主位有时刚好与主语一致，有时并不相同。

例 34 杏儿躺下了。沙发太软，她觉得不舒服。荀大妈在枕头上洒了花露水，她闻了也不习惯。她自己也说不出是为什么，进京的兴奋感突然消失了。

Xinger lay down. She felt uncomfortable because the sofa bed was far too soft. And she was not used to the smell of the perfume in the pillow case which Mrs. Xun had earlier sprayed. She could not tell why, but the excitement of having come to the capital as suddenly gone.

作为一种衔接手段，替代可以使行文简洁。相比而言，汉语很少使用替代，往往通过重复或省略作为语篇衔接手段。

例 35 Just as I looked, some men behind caught hold of his feet and dragged him out of the round house. I believe he died as they were doing it.

我正看着，后面几个人抓住他的两只脚，把他拖出了后舱。我相信，他们把他拖出去的时候，他就断气了。

例 36 I am afraid you can’t learn it.

恐怕你学也学不会。

省略是替代手段的一种，性质比较特殊，也被称为零替代（substitution by zero）。省略能够有效减少语言的重复，使语言的表达变得言简意赅，层次清晰。在英汉翻译时，译者通常需要将英语中被省略的词补充出来，才能够使译文得到完整的表达。

例 37 Experience is the father of wisdom and memory the mother.

经验是智慧之父，记忆是智慧之母。

例 38 A proton has a positive charge and an electron has a negative charge. But a neutron has neither.

质子带正电，电子带负电，而中子既不带正电，也不带负电。

结构衔接还可以通过多种修辞手段来实现。

例 39 A pessimist is one who makes difficulties of his opportunities, an optimist is one who makes opportunities of his difficulties.

悲观的人把机会变成困难，乐观的人将困难化为机会。

词汇衔接（lexical cohesion）可以分为两类：复现关系（reiteration）和同现关系（collocation）。复现关系指词汇手段的再现，包括原词复现、同义词或近义词复现、上下义词复现和概括词复现。

汉语和英语虽然有大致相同的衔接方法，但二者各自常用的衔接手段不同。汉语中原词的省略和复现较为常用，英语更偏重替代和照应。如前所述，英语语篇中省略的词常常需要在汉译中复现出来才能使译文表达清晰。

例 40 Let us revise our safety and sanitary regulations.

我们来修改安全规则和卫生规则吧。

例 41 The use of atomic weapons is a clear violation of international law—in particular of the *Geneva Convention*.

使用原子武器显然违反国际法，特别违反《日内瓦公约》。

语音衔接（phonological cohesion）是衔接诗歌文本等文艺语体的重要衔接手段，能够使语句的语调押韵，从而达成衔接诗歌篇章的目的。押韵作为一种音韵的修辞方法，在诗歌的写作和翻译中较为常见，汉语和英语的诗歌都是因为采用了押韵的修辞方法而使自身的旋律变得更加优美悦耳，结构张弛有序。

《杨振宁文选》英文本序言中引用了两句杜甫的名诗："文章千古事，得失寸心知。"译文如下：

译文 1：A piece of literature is meant for millennium.

But its ups and downs are known already in the author's heart.

许渊冲认为此译文精确，是典型的科学家风格，但是音节太多，不宜入诗。许渊冲的译文是：

译文 2：A poem many long, long remain.

Who knows the poets, loss and gain!

译文 3：A poem lasts a thousand years.

Who knows the poets, smiles and tears!

许渊冲认为，以意美而论，第一种译得好；以音美和形美而论，却是第二种、第三种更合音律。

练习题

翻译下列句子。

1.政府号召建立更多的技术学校。

2.我是个业余演员，他演得比我好。

3.越南战争不断地消耗美国的资源。

4.每天早上，她都要到湖区去散步。

5.他反对的理由是：这个计划不现实。

第三章 词语翻译

第一节　词义的轻重维度与翻译

语言的划分标准有很多，如雅与俗、语体的分别等。同一语体的语言还包括公文用语、俚语、术语等。文学作者常用多种不同的语言形式将笔下的人物形象刻画出来。因此，在翻译时，译者需要仔细分辨每一种语言形式，并将原文的思想、精神面貌充分详尽地呈现出来。

一、词义有轻重的不同

表示“打破、破碎”的词包括“break”“destroy”“crush”“shatter”“smash”“demolish”，但是侧重点各有不同。“break”是最常用的表达，意思是经受打击或施加压力而破碎；“destroy”是完全摧毁，使之无法复原；“crush”是外力往内或从上往下而压碎；“shatter”是突然使一物体粉碎；“smash”原指由于突如其来的一阵暴力带着声响而彻底粉碎；“demolish”是破坏、铲平或削平建筑物等。从以下译例可以进一步分析以上词汇的差别：

例 1　盘子破了。

The plate broke.

例 2　一颗原子弹能摧毁一座城市。

An atom bomb would destroy a city.

例 3　这台机器是用来把石头压成碎末的。

This machine is made to crush the rock into powder.

例 4　爆震可能使墙板破碎。

The blast may shatter panels.

例 5　钥匙丢了，所以我们只得将门撞开。

The key was lost, so we had to smash the door open.

例 6　暴风雨径直席卷该岛，毁了建筑，淹没了街道。

A storm moved directly over the island, demolishing buildings and flooding streets.

除此以外，汉英翻译时，要注意汉语古今偏重的变化。如“恨”一词，在古时具有较轻的含义，表示“遗憾”，如《汉书·苏武传》：“子为父死，亡所恨。”翻译时，“恨”要处理成“regret”，全句可以译成“There is no regret to die for our father.”。如今，“恨”的意思是痛恨、怨恨，词义比古代重，翻译时要处理成“hate”。

二、词义有范围大小与侧重面的不同

在一定上下文中，“农业”一词有以下四种表达方式：“agriculture”“farming”“cultivation”“agronomy”。在这四个词中，“agriculture”所包含的范围最广，指农业科学、农业技术以及整个农业生产过程；“farming”指农业的实践；“cultivation”指农作物的栽培过程；“agronomy”指农艺学，即运用于农业耕作实践的科学原理。

“空的”一词，可在“empty”“vacant”“hollow”这组同义词中进行选择，它们有不同的形容对象和强调内容。“empty”表示“空的，空无一物”，可以用来形容实体，如“房子、房间”（house，room）、“杯子”（cup）、“盒子”（box）；身体部位，如“胃”（stomach）；概念词，如“头脑”（head）、“词汇”（words）等。“vacant”表示“没有人占用的，空缺的”，可以用来形容“职务、座位”（position，seat）等。“hollow”表示“空洞的，虚的，不实的，下陷的”，可以和“tree”“voice”“sound”“cheeks”等词连用。

三、词义有感情色彩

词义的感情色彩，如尊敬、亲昵、憎恶、蔑视、诅咒、讽刺等；语体色彩，如庄严、古朴、高雅、俚语、公文用语、方言词语、委婉语等不相同。词汇按照感情色彩分为褒义、贬义和中性。在翻译过程中，译者必须注意词汇的感情色彩，一般应严格遵循色彩处理原则，如“胖”与“瘦”（表 3-1）。

表3-1　遵循感情色彩翻译“胖”与“瘦”

感情色彩	褒	中	贬
胖	plump，stout	overweight，heavy	fat，obese
瘦	slim，bony	physically healthy，underweight	puny，fragile

语言表达中为了凸显讽刺的修辞手法，会将原本褒义的词表达出贬义的含义，反之亦然。

例 7　这是最好的时世，这是最坏的时世：这是智慧的年代，这是愚昧的年代：这是信仰的时代，这是怀疑的时代；这是光明的时节，这是黑暗的时节；这是希望之春，这是失望之冬；我们面前什么都有，我们面前什么都无；我们都在直登天堂，我们都在直下地狱……

It was the best of times, it was the worst of times, it was the age of wisdom, it was the age of foolishness, it was the epoch of belief, it was the age of incredulity, it was the season of light, it was the epoch of darkness, it was the spring of hope, it was the winter of despair, we have everything in before us, we has nothing before us, we were all going direct to Heaven, we were all going direct to other ways...

第二节　语境与词语翻译

奈达先生认为，词典里列举出的词汇的解释只能表示出该词汇在相应语境中代表的意义，词汇脱离语境后，其语义也就失去了意义。语境包含很多个层次的含义，不同的研究者带着不同的研究目的对其进行研究，所产生的结果当然也千差万别，因此语境有各种各样的定义和分类。他在《语言文化与翻译》（*Language*，*Culture and Translating*）中曾指出翻译即译义，强调指出语言功能的核心是意义。然而，在不考虑语境的情况下孤立分析词语、句子或段落的意义时，分析结果并不固定，不具备有效的研究价值。只有在特定情境下或上下文联系的情况下分析需要分析的部分，才能够分析出其真正的、固有的意义。由此可见，语境是读者理解和解释话语意义的依据，也是获得功能对等翻译的关键所在。英国社会人类学家、功能学派创始人之一马林诺夫斯基（Bronislaw Kaspar Malinowski）最早提出语境的概念，并指出语境是决定语义的唯一因素，舍此别无意义可言。英国语言学家、伦敦学派创始人弗斯（John Rupert Firth）继承并发展了这一观点，认为意义就是语言成分在语境中的功能。

译者在翻译时应尽量找到一个使两种语言在功能和表述意义上达成一致的整体语境，以将内容恰当地展现出来。只有正确理解原文的语境，从而深入了解原文的意思，才能成功地进行翻译。因此，翻译离不开语境。

例如，“吃”一词有如下各种表达法：

吃饭 have a meal

吃瘪 be beaten，acknowledge defeat

吃不开 be unpopular

吃不消 be unable to stand

吃醋 be jealous

吃馆子 dine out

吃耳光 get a slap in the face

吃官司 get into trouble with the law

吃惊 be startled

吃苦 bear hardship

吃老本 live off one’s past gains

吃软不吃硬 be open to persuasion，not to coercion

吃一堑长一智 a fall into the pit, a gain in your wit

一个简单的“吃”字，放在不同的语境中有着不同的展现形式。“吃”不再拘泥于简单的吞咽动作，在不同的语境中被赋予了新的含义，甚至淡化了吃的本来面目，完全隐匿于语境中，与词语或句子的含义融为一体。

语境有广义与狭义之分。社会语境就是广义的语境，其中涵盖社会的文化、历史、环境、发展情况及译者的心理因素等。狭义的语境就是指语段所处上下文之间的联系，明确语段前文和后面部分的内容及二者之间的联系是分析语境以完成翻译活动的关键。此外，译者还需要了解其对应的背景文化和社会环境。以“星期五”为例，在中国，星期五是快乐的日子，因为马上就是双休日，人们的心情和身体都将得到极大的放松。在英国，星期五也是好日子，即发薪日，因此才有如下描述：It was Friday and soon they' d go out and get drunk.（星期五发薪日到了，他们马上就会出去喝得酩酊大醉。）而在美国，有“黑色星期五”（Black Friday）一说，主要是因为美国历史上两次经济危机（1869 年 9 月 24 日和 1873 年 9 月 19 日）都发生在星期五。

再如“意思”一词：

甲：这一点小意思，请务必收下。

乙：你这个人真是有意思，怎么也来这套？

甲：唉，只是意思意思。

乙：啊，真是不好意思。

上面的对话呈现了汉语的精深，一个小小的“意思”绕来绕去，表达的含义却不相同。第一个“意思”是甲对乙表达感谢，欲赠送小礼物；第二个“意思”表达了乙的客套，称甲太客气了；第三个“意思”表现了甲的坚持，礼物不大，只是略表心意和感激之情；第四个“意思”是谦虚接受的含义。因此根据上下文的分析，译文应该如此处理：

A：This is a little gift as a taken of my appreciation. Please do take it.

B：Oh, aren't you a bit too polite? You should not do that.

A：Well, it just conveys my gratitude.

B：Ah, thank you then, though I really do not deserve it.

奈达认为，人类的文化源自同一核心，但各民族在发展中受地理、环境、社会结构、宗教信仰、风俗习惯等的影响，会形成独特的文化特性，进而导致他们对同一领域同一事物的理解产生一定差异，而这种差异也存在于不同的民族语言中，为翻译提供了很多选择。

例 1　布衣蔬食

译文 1：wear clothes of cotton and eat vegetables

译文 2：wear coarse clothes and eat simple food

中国传统观念中的“布衣蔬食”是清苦生活的体现，而殷实生活的象征应该是锦衣玉食，译文 1 在中国人的理解中是相对应且准确的。然而译文一出，西方人的理解却是生活方式非常健康，吃的是蔬菜，穿的是棉质服装，恰恰是小资生活的体现，因此不能凸显出中文原文要表达的含义。译文 2 则抛开了字面含义，将“布衣蔬食”背后的含义意译出来。

例 2 我在学校读书的时候，有所谓“强迫运动”，我踢破过几双球鞋，打断过几只球拍。因此侥幸维持下来最低限度的体力。（梁实秋《时间即生命》）

In my school days, in response to the so-called “compulsory physical exercises”, I went in for many sports at the expense of many pairs of sneakers and rackets, thus luckily building up a minimum of good physique.（张培基 译）

“forced”和“coercive”是汉英词典中对“强迫”一词给出的常见译法，但翻译此例不可机械套用词典。根据《朗文当代英语词典》的解释，“forced”指“done unwillingly and with effort, not because of any sincere feeling”，而“coercive”指“using threats or orders to make someone do something they do not want to do”。从词典的释义可以看出，“forced”和“coercive”两词都含有“受到威胁而被迫所作”之意。在原文的语境中，“强迫”一词标注了引号，与“学校”“运动”和“所谓”等词搭配出现，且上下文中隐含作者积极参与其中之意，这一点可以从用坏了许多体育用品看出。结合词语所在的语境，不难得出结论：“强迫”在原文中并不具有“受到胁迫”这一本意，而应该是指学校规定，要求学生参加为增强学生体质而开展的体育运动。此例可以看出盲从词典的害处。词典不可不用，但也绝不可生搬硬套，否则译文难免与原文意旨相悖。

毋庸置疑，语境决定了词语的含义以及词语翻译时的选择，如果选择不当会有误读的风险，造成读者的理解错误。

第三节　中国特色词语翻译

所谓特色词语，是指特定地理、历史、文化背景下产生的具有民族特色的词语，具有共性，同时更具个性。在翻译中，此类词语相对而言具有一定的民族、文化或专业特性，需要总结积累。因此，本节将讨论特色词中的拟声词、空缺词、专有名词、四字格、新词（含网络流行词）的翻译。

一、拟声词的翻译

（一）拟声词的特点及分类

拟声词是为模仿自然界中的声音创造出来的词汇，具有很强的主观性，是一种特殊的语言形式，而且全世界各民族的语言都包含拟声词这一成分，但这一成分在每一种语种中都占据很小的比例。拟声词是一种非常古老的语言成分，甚至有认知学家提出其是词汇之初的观点，认为拟声词是人类最古老的构词方法。英语中“onomatopoeia”一词源于希腊语，原意是通过仿拟相关事物的声响来构词。在早期汉语词汇的“以声像意”中，最常见的就是模拟事物音响的词音。

拟声词的产生离不开人类对客观事物的认真观察。人类认真观察、认识大自然中客观存在的声音，然后辨别和模拟这些声音，而利用这些声音能够唤醒其他人或动物对声音喻指事物的联想，起到警示、沟通、防卫及恐吓的作用。在现代来说，其中的防卫、恐吓作用已减弱，最常用的是其修饰作用。现在社会中，人们常使用拟声词沟通感觉、渲染气氛，以丰富语境的韵味，达到节奏增强的效果，使表达更加鲜活，给受众留下更加深刻的印象。正确地运用拟声词，不仅能够使句子表达得更生动，还能使人物形象更加立体，达到画龙点睛的效果。

汉英拟声词具有如下共性：①语音对应。例如，猫叫声：mew，meow（喵喵）；笑声haha（哈哈）；门铃声：ding dong（叮咚）。②多样性和多义性。例如，“啪”一词可以对应“crack”“thwack”“click”。然而英汉拟声词也具有相异性：①语音的差异。英汉民族按照自己的听觉感知和模拟习惯创造出了许多具有自己语言特色的拟声词，如狗叫声，英语用“bark”“yap”“bow bow”，而汉语用“汪汪”。②词类的差异。英语拟声词在英语词典里都有明确的词类标记，绝大多数作名词或动词，而汉语中的拟声词在句法功能上，形容词 / 副词性特征比较明显。③结构的差异。英语属于拼音文字，其拟声也属于“拼音拟声”，它通常利用辅音字母的发声来达到拟声的效果。例如，辅音连缀“gl-”与“光”和“发光”有关，具体词语包括“glitter”“gleam”“glare”“glaze”“glass”“glimmer”“glint”“glisten”“glory”“glow”等。汉语属于表意文字，以“字”为基本单位。汉语中的拟声将单音节字的优势发挥得淋漓尽致，拟声多采用单音节字的重叠，如“雨潺潺”“淅沥沥”。

动物拟声词分为直接拟声和间接拟声。直接拟声指的是动物的声音与意义基本吻合，并能够直接产生音义联想。这一点与英汉的发音很类似，如猫叫“喵”（mew），鸽子的“咕咕”声（coo）。对于直接拟声词的翻译采用对应的方式就可以直接产生丰富的联想和生动的意境。

间接拟声词并不能通过模拟大自然的声音直接使受众产生听觉联想。间接拟声词是对声音产生的动态描述，其象征的意义可以使听众产生对相关情境的联想，从而关联到相关声音信息，如 S 是咝音，可以让人联想到蛇吐信时的咝声，因此蛇的声母和英文表达 snake 都与 S 相关。H 会让人有一种呼气的感觉，因此与气喘的动作相关，如“急速”（haste，hurry）。对于间接拟声词的英译可采用声音象征还原的译法，如“鸽子的呢喃”，就要还原成“the moan of doves”。

在文学作品中，作者为了烘托动态效果，会在拟声词上进行创作。中文古诗中不乏这样的例子，如“大弦嘈嘈如急雨，小弦切切如私语”（白居易《琵琶行》）描述了琵琶声；“两岸猿声啼不住，轻舟已过万重山”（李白《早发白帝城》）描述了猿猴的啼叫；“帘外雨潺潺，春意阑珊”（李煜《浪淘沙令》）描述了潺潺的雨声；“落日照大旗，马鸣风萧萧”（杜甫《后出塞》）描述了飒飒的风声。

英语诗歌中也有类似的经典例子，如 Cold doth not sting，the pretty birds do sing：cuckoo，jug-jug，pu-we，to-wita-woo!（托马斯·纳什《春》）这句话中，作者童真地模仿了各种鸟类的叫声：杜鹃的咕咕（cuckoo）、夜莺的啾啾（jug-jug）、田凫的噗喂（pu-we）和猫头鹰的托威脱呜（to-wita-woo）。所有的拟声词向我们展示了一个百鸟齐鸣的春天。在这个春天的赞歌里，只有“cuckoo”和“jug-jug”是可以查证的，“pu-we”和“to-wita-woo”是诗人创造出来用以增强现实感和身临其境的感受的。当然创造拟声词只是一种选择，如果作者创造了新拟声词，可以采用原音重现的音译法，以保留新奇的特性。

表达精炼是汉语的一大特点，汉语中通常可以用一个字或词表达出多种含义，如动物发出的声音在汉语中可以用“叫”笼统概括，但在英语中，这种情况有很多种表达形式。因此，在翻译时，译者需要将情景构建出来，将氛围烘托出来，以带给读者最鲜活、真实、极富情趣的感受，使读者从声音的描述中联想到真实的场景。如：

公牛叫 a bull bellos

母牛叫 a cow moos

小牛叫 a calf bleats

绵羊叫 a sheep baas

狗叫 a dog barks

猫叫 a cat meows

同一个“叫”对应了多样化的声音，同一种动物也要分公母老幼。不仅如此，汉语中的“叫”也存在多样性，如“马嘶”“虎啸”“鸡鸣”“蝉噪”“狗吠”“鹤唳”。

（二）拟声词的翻译方法

分析了拟声词的特点及分类，译者可以精准地掌握英汉两种语言的不同用法，从而总结出适当的翻译技巧。

（1）直接对应。对于具有共性的英汉拟声词，可以通过对应的方式直接拿来使用。

（2）词类转换。例如，钟的滴答声在静静的房间里变得越来越响。（The clock ticked louder and louder in a quiet room.）原句中的名词“滴答声”转换成了动词形式“tick”。

（3）省译。汉语拟声词译成英语可以省略，不再使用拟声词。例如，在喀嚓喀嚓的铡刀声中，听到了死难者英勇的呼叫声“共产党万岁！乡亲们……报仇”。（Even as the chaff cutter did its grisly work，the last shouts of the victims rang out：“Long live the Communist Party! Folks，Revenge...”）原句中的“喀嚓喀嚓”略去不译。

（4）原音复读。拟声词存在创造性，汉语中存在一些拼音构成的拟声词，在翻译时可以直接保留，无须翻译。

二、空缺词的翻译

（一）空缺词的可译性

词汇空缺指由于各民族文化背景、生活习惯、语言文字都不相同，一种语言中有些词汇具有其自己的含义，但这种含义无法用另一种语言描述出来。词汇空缺大致有以下几种情况：一是对于各种文化中特有的词汇，其他民族能够理解但表述时不进行翻译；二是在某种文化中存在异族文化接收者无法理解、无法解释、容易误解的东西，也可以说在异族文化中对这种东西的认知是空白的；三是一些词汇或某种表达方式富有特殊文化色彩，翻译时需要“兜圈子”将其潜在含义注释出来；四是由于各个民族文化之间存在较大的差异，某些特有事物能够通过本民族语言表达其概念或语义，但在其他语言中无法找到与之对等的语言成分，从而导致异族文化的空缺。

词汇空缺虽然会对翻译造成一定的影响，但并不是完全无法翻译解释的。虽然将译入语词汇所承载的文化精华全然不变地转化到不同文化的译出语中非常困难，但只要译者及时调整翻译的标准和策略，改变原有的固化的翻译思维，找出人类语言和思维逻辑上的共同点，跨文化翻译空缺词汇就能够成为现实，而且译者还可以灵活变通翻译手段，特殊处理这类空缺矛盾。因此，这些空缺词汇依然有可能被翻译出来。

（二）词汇空缺的分类

不同地区的人们生长环境和风俗习惯的不同，造就了生活方式、生产方式、价值观念、宗教信仰等方面的不同，这就是导致词汇空缺的根本原因。词汇空缺有两种情况，一种是物质文化方面的词汇空缺，另一种是精神、社会体制文化方面的词汇空缺。前者指在一个民族中有特定的词语可以描述某种特有的事物，而在另一种民族语言中，找不到与之对应的语言来形容这种事物，具体在衣、食、住、行、医疗、娱乐、科技等物质文化生活方面都存在这种现象。后者指对于某种特有的表示民族文明或体制文化的词语，无法从其他语言文化中找到能够形容和表达其内涵的方式。这种词汇空缺的情况更多地存在于民族文明、宗教信仰、传统风俗、社会体制、价值观念、哲学思想等方面。

下面根据郭爱先对词汇空缺的分类，从物质文化和精神文化两个方面入手分析英汉语中的词汇空缺。

（1）物质文化空缺。不同的民族经历了不同的发展历史，形成了各民族独特的物质文化，且其具有独特的表达方式。这种独特的文化内涵与其他任何文化都没有相近之处，因为其他文化无法将这种内涵的特殊之处体现出来，由此导致了词汇的空缺。汉语和英语代表着两种不同的民族文化，物质文化方面的词汇空缺异常普遍，如“旗袍”“中山装”“麻将”“二胡”“锅盔”等在英语中都属词汇空缺。

（2）物质决定精神，物质存在差异，精神文化就一定存在差异，主要表现在风俗习惯、文化典故以及神话、传说和历史事件中，如中国的“满月”“百天”“抓周”“拜堂”“交杯酒”“闹洞房”“白喜”“披麻戴孝”“守灵”等这些词在英语中就无法找到对等词；“生死有命，富贵在天”的思想观念等在英语中无法找到对等的表达。

（三）空缺词的翻译方法

1. 音译法

音译法是一种以音代义的方法，以读音为基础，是处理词汇空缺最简便的方法，可以用于人名、地名以及一些新概念在目的语中的词汇空缺的翻译。例如，磕头（kowtow）、荔枝（litchi）、sofa（沙发）、气功（qigong）等。

2. 音译加注法

如果仅仅采取简单的音译，仍不能使读者准确理解，达不到翻译所需要的结果，这时译者应该采取音译加注的方法，即音译时加注释，对原文进行补充说明。

3. 直译法

译入语篇中经常会用到一些译入语文化特有的词汇和表达方式，如果使用音译法翻译这些词汇，常常会导致其在译文中失去原有的生动性，而且音译法的滥用会导致译文不通顺，无法给读者带来好的阅读体验，这时就可以适当运用直译法，这样既可以保持原文的内容形式不变，不违背原文民族文化和风格特点，又能够在不影响读者理解的情况下顺畅、成功地将原文翻译出来。汉语和英语所属的语系不同，承载的民族文化也大不相同，但两种民族文化对某些事物的认知仍有相通的地方。英汉两种语言中含有浓厚民族、历史及地方文化特色的词汇宜用直译法，如纸老虎（paper tiger）、丢脸（lose face）等。

4. 直译加注法

直译法能够有效地保留住译入语的风格特色。当通过直译法翻译的译文仍无法使读者了解原文的内涵，从而无法正确理解译入语语篇时，译者可以对直译内容添加注解，用直译加注法将原文的内涵和语言特色一同呈现给读者。

例 1 这断子绝孙的阿 Q，远远听到小尼姑带哭的声音。

Ah Q，may you die sonless! Sounded the little nun’s voice tearfully in the distance.（Note：sonless is a curse intolerable to ear in China.）

5. 意译法

意译法侧重于原文内容含义的传达，不拘泥于结构和形式是否贴近原文。意译法能够有效填补词汇中的空缺，解决译入语中风格强烈、文化气息浓厚的俗语、谚语的翻译困难。有时候，直译无法将译入语的内涵解读出来，译出语中也无法找到合适的词语代替，翻译后易引起读者的误解，这时，译者就可以使用意译法。如“白条”可译成“IOU”，“一刀切”可译成“to impose uniformity”。

不管采用何种方式，都是有效弥补空缺、达到理解统一的途径，译者在具体的实践中应灵活选择和运用。

三、专有名词的翻译

专有名词指的是人名、地名、机构名和其他具有特殊含义的名词。

（一）人名的翻译

虽然历史上先后出现了明朝末年利玛窦和金尼阁的拼写、鸦片战争后的教会罗马字、威妥玛式拼音、国语罗马字拼音法式、拉丁化新文字、耶鲁方案（用拉丁字母拼写汉语的方案），但是中国文字改革委员会早在1974年5月就发布了《中国人名汉语拼音拼写法》，国务院也在1978年9月批准了《关于改用汉语拼音方案作为我国人名地名罗马字母拼写法的统一规范的报告》，明确规定了中文人名的翻译标准和要求。

（二）地名的翻译

地名的翻译应以音译（transliteration）为主，力求准确规范、通俗易懂。中国地名的音译要严格遵守《汉语拼音方案》，同时可参照《外国地名译名手册》（中国地名委员会编，商务印书馆出版）或《世界地名译名手册》。根据1984年中国地名委员会等颁布的《中国地名汉语拼音字母拼写规则》及现行的《汉语拼音方案》，绝大多数地名都可以直接引用拼音法翻译成英语。同时为了使译名地名便于为外国人接受，一般可以省略四声的变化，以符合外国人拼写的习惯。然而，它又不同于真正的字形翻译，因此可以称之为一种具有汉语特色的音译。

1. 省名的英译

专名音译，即用汉语拼音字母拼写，通名部分通常意译为“Province”，如湖北省应译为“Hubei Province”。

省名英译时应注意区分山西省和陕西省，国家地名委员会决定将上述两个地名分别译成“Shanxi Province”和“Shaanxi Province”。

西藏、内蒙古比较特殊，应该分别英译成“Tibet”和“Inner Mongolia”。

2. 市名的英译

专名音译，通名部分通常意译为“City”，如武汉市应译为“Wuhan City”或直接译成“Wuhan”。

山、河、江、湖、海、港、峡、关、岛等构成城市名时，也应先音译，再意译“市”（City），如都江堰市（Dujiangyan City）、绥芬河市（Suifenhe City）。

以a，o，e开头的音节连接在其他音节后面的时候，需保留地名中的隔音符号，以防止音节界限的混淆，如西安市（Xi’an City）。

香港、澳门由于历史原因，继续保留原有的英译：香港（Hong Kong）、澳门（Macao）。

3. 县名的英译

专名音译，通名部分英译为“County”，如嘉鱼县（Jiayu County）。

专名是单音节，通名也是单音节，这时通名应视作专名的组成部分，先音译并与专名连写，后重复意译，如甘肃省的礼县（Lixian County）、河南省的陕县（Shanxian County）。

以人名命名的县名英译时，方法同上，如左权县（Zuoquan County）。

有些汉字译名原先来自少数民族语，后来变成汉语形式，英译时，专名按汉语拼音字母拼写直接引入英语中，必要时用括号进行标注，如康定县：Kangding（Dardo）County。

如果少数民族语，如蒙古语、维吾尔语和藏语地名的记音用加符字母，英译时也要用加字符，如德格县（Dêgê County）、改则县（Gerzê County）、甘德县（Gadê County）。

以 a，o，e 开头的音节跟随其他音节之后时，如果音节的界限发生混淆，地名中的隔音符号不能省略，如东阿县（Dong'e County）。

4. 镇名的英译

专名音译，通名英译为“Town”，如毛陈镇（Maochen Town）。

地名、人名的翻译及其翻译方法看起来简单，其实也有它们自己独有的特征和技巧规律。音译和直译是很常用的翻译方法。

（三）机构名称的翻译

长久以来，众多专家学者采用了各种手段，试图从翻译的技巧、规则、译者的素养、责任以及权威部门的认定等方面找出机构统一的译名方法。王金波认为，译者“各行其是，无视译名原则和国家译名标准，疏于考证”是导致译名混乱的主要原因。要从根本上解决问题，翻译研究者应协同合作，遵守规范，保持统一。20 世纪 80 年代中期著名科学家钱三强在《人民日报》上发表的文章中提出“译名原则”一词：“当遇到以外国自然科学家名字命名的术语时，外国科学家人名翻译要根据‘名从主人’‘约定俗成’‘服从主科’和‘尊重规范’这四项原则。”[①] 另外，新华社译名室编译出版的翻译工具书《世界人名翻译大辞典》中提到的译名原则是：音似为主，形似为辅，约定俗成，具体人物则首先考虑“名从主人”和历史译法的延续性，然后才是同名同译。文有仁针对译名不统一问题提出过四个解决办法，即遵守“名从主人”原则、归口权威机构、遵循传统译名、少用缩略词、慎用音译词。

但这些原则经常令人辨不清谁是真正的“权威机构”，译者提供的译名也互不一致。因此刘法公提出“名从源主”，即要求译者选择组织机构译名时服从“源头上”最权威部门公布的译名，或尊重名称主人确立并使用已久的既定译名。具体说来包括如下几点。

① 金静．再现原貌，直译当先：英文名著标题翻译的黄金原则——从 *The Great Gatsby* 译名论争说起 [J]. 东方翻译，2015（1）：77-82.

（1）译者需要服从最高上级部门确定公布的译名。例如，“国家外国专家局”有如下译名。

权威译名：State Administration of Foreign Experts Affairs（国务院国办秘函使用）

非权威译名 1（简称非 1）：State Bureau of Foreign Experts Affairs（人民网、中国教育网、北京海淀区政府外办、北京市外办使用）

非权威译名 2（简称非 2）：the State Foreign Experts Bureau（上海市政府网站使用）

非权威译名 3（简称非 3）：China's Bureau of Foreign Expert Affairs（青岛劳动和社会保障局网站）

非 1 不遵从“源头”权威译名；非 2 没用 affairs，且把 bureau 放在最后，属创译；非 3 出现在政府的法规文件中，“China's”“bureau”“expert”三个词与权威译名不同，无从确认。

（2）尊重各地政府明文规定或各部门公布的译名，取长补短。中国省市级的组织机构大多数都有了既定的、沿用已久的英语译名。我们登录这些机构的网站即可获得。译者要坚持从机构网站这个“源头”上查询译名，不能随便重译既定译名。例如，“省（直辖市）环境保护局”有如下译名。

译文 1：Administration of Environmental Protection of × × Province

译文 2：× × Provincial Environmental Protection Bureau

译文 3：Bureau of Environmental Protection of × × Municipality

译文 4：× × Environmental Protection Bureau

译文 5：× × Municipal Environmental Protection Bureau

译文 6：Environmental Protection Bureau of × × Municipality

翻译的魅力在于其艺术性，译文在遵守翻译表现且表达正确的前提下，具有其灵活性，这也是译文难以一致的原因。不过我们可以选择最常用的译文形式，做到符合基本的翻译模式，如“× × 省环境保护局”可套用译文 2，“× ×（直辖）市环境保护局”可选用译文 4 的表达方式。总之，应在尊重差异的前提下，力争形式的标准化。

（3）尊重译名的独创性。以上谈到的都是权威组织机构，在翻译上可以力争标准化。然而，学校、协会、公司、研究所等机构名称的翻译基本上由各组织机构自定，报上级部门备案，所以属于个性译名，历时较长，一旦公布，再行修改则不现实，因此可以选择尊重。例如，“× × 理工大学”名译如下所示。

译文 1：Beijing Institute of Technology

译文 2：Tianjin University of Technology

译文 3：Nanjing University of Science and Technology

译文 4：University of Shanghai for Science and Technology

译文 5：Qingdao Technological University

译文 6：Zhejiang Sci-Tech University

“理工大学”常用的译文表达是“University of Technology”，但带有“××University of Technology”译名的大学也不一定就是“××理工大学”，“浙江工业大学”和“北京工业大学”的英语译名就分别是“Zhejiang University of Technology”和“Beijing University of Technology”。

除了学校，公司名称的翻译也是如此。公司名称的译名需要表达明快、反映特征、定位准确、凸显个性。例如，北京第一机床厂译为“Beijing No.1 Machine Tool Plant”，武汉华中数控股份有限公司译为“Wuhan Huazhong Numerical Control Co., Ltd.”，中国长江动力公司（集团）译为“China Changjiang Energy Corporation”。可以看出企业一般称为“厂”或“公司”，常译为“works”“Co.，Ltd.”“company”“plant”等，其中“works”“Co., Ltd.”“group”和“corporation”较常使用。但是要注意区分，准确定位：“works”有“制造”的含义；“Co., Ltd.”有企业性质的意义；而“group”和“corporation”则体现了企业的规模大小。

四、四字格的翻译

（一）四字格的特点

“四字格”是指由四个字组成的一种语言格式。它包括四字成语、四字叠词、四字熟语和四字短语，但不包括四音节的复合词、单纯词。

四字格用语虽走过几千年的风风雨雨，但仍然活跃于现代汉语的各个角落。谈及原因，王力先生给出了答案：“中国人作文虽讲究炼句，然而其所谓炼句只是着重在成一个典雅的句子，并非要扩充句子的组织。恰恰相反，中国人喜欢用四个字的短句子，以为这样可以使文章遒劲。由此看来，西洋人做文章把语言化零为整，中国人做文章几乎可以说是化整为零。”

四字格词语形式整齐、朗朗上口，一般由四个语素构成，可以分成前后两个部分，能够言简意赅、生动形象地表达出其中的典故或内涵。在语音方面，四字格平仄相间，读起来抑扬顿挫，表现出了汉语的韵律和美感。在结构方面，四字格灵活多变，既有可随意拆散组合排列的自由词组，也有具有特殊意义的固定词组。其中，固定词组一般不能拆分运用，大多是流传久远的成语。在语法方面，四字格中存在主谓关系、动宾关系、并列关系等。在语义方面，其具有丰富的内涵，有些是对事物的描述，有些是对事物的评判，有些阐述了一些道理，还有些代表着某类典故，等等。在语用方面，运用四字格可使语篇结构整齐周正、朗朗上口，语篇内容含蓄委婉，逻辑严谨。

现在出现了新四字格，其从结构上看并不自由，相对固定，但内部成分自由，不像传统的成语那样凝固，可以进行替换等。例如，“以×为×”“按×××”，这个结构较为固定，但“××”部分可以更替，具体包括“以人为本”“以瘦为美”“按劳分配”“按需分配”等。另外，新四字格词语语义方面具有整体性（和平共处）、国情性（一国两制、政企分开）、浓缩性（“三个代表”）。而且，此类词语使用频率较高，特别是在政府文件当中。

（二）四字格的翻译方法

使用英语翻译汉语四字格时有很多种方式可以尝试，可以将其译为词组，也可以套用习语等，要根据实际情况选择最适合的翻译方式，在语篇形式上无须拘泥于译文和原文的对等关系，尽量促使内容和意义遥相呼应。

1. 译成单词

这种翻译方式的原理就是将四字词语整合成一个单词再进行翻译，因此也叫四比一。大多数的四字词语前后两部分表达的意义相同，呈现“2+2”并列结构，对于这种词语，只需翻译出其中一部分的意思即可。只要英语中的名词或动词能够将汉语中修饰部分的词语的意思表达出来，就可以将英语中形容性质的词汇删除，避免翻译重复累赘。例如，“繁荣昌盛”一词中，繁荣和昌盛都表达事物良好发展和欣欣向荣的状态，因此“prosperity”就可以概括。再如，“流言彻底破产”中“彻底破产”对应的翻译是“explode”，这个词语已经包含了“彻底”的含义，因此在处理时无须翻译出“completely”。

2. 译成词组

在翻译时应注意汉语词语的关系。当汉语词语前后互补且具有并列关系时，翻译时可以用英语词汇“and”衔接，处理成并列词组。或者原词为偏正结构，在英译时宜处理成词组，可以是介词词组、动宾词组、名词词组。

例 2　典雅大方

elegant and graceful

例 3　我们的产品品种齐全、款式繁多。

Our products are in complete range of articles and with various patterns.

例 4　纵目眺望，我饱览了一片无限娇艳的风光：万紫千红，郁郁葱葱，鸟语悦耳，花香袭人，涟漪荡漾，瀑布飞流，层峦起伏，阡陌纵横。真可谓生机勃勃，气象万千。

As far as sight could reach, I feasted my eyes on a vastness of infinite charm, which presents itself in a profusion of color, in verdant luxuriance, in dulcet warbling, in pervading perfume, in rippling undulation, in cataract sprays in hilly waves, in field crisscross and verily in vitality and variety.

这一段话连续使用了 8 个四字格，可以将它们处理为“in+*adj*.+*n*.”的结构，使得译文同样结构整齐、意思明确，达到内容与形式的完美统一。

例 5　挑拨离间

ferment dissension

例 6 兴风作浪

stir up disorder

3. 套用法

英汉表达存在许多对等的形式，因此可以找到汉语四字格的英文对应表达进行翻译。

例 7 隔墙有耳

walls have ears

如果汉语四字格能够在英语中找出具有相同含义的对应成分，那么就可以直接套用习语进行翻译。在汉语中，大多数四字格都是成语，其中有的成语能够在英语中找到内容和形式都对应的习语，双方表达的意义非常接近，使用的修辞方法也相同，因此在翻译时可以尽量套用这种习语，这样就能够在译文中保留原文的风格和韵味。译者需要反复地阅读原文，体验原文的语境和写作目的，尽可能地缩短译文与原著在思想、情感、内容、风格等方面的差距。

总之，无论采用哪种方法，总的原则是既要照顾形式，又不拘泥于形式，尽可能使译文自然、贴切、可读性强。

五、新词的翻译

（一）新词的特点

全世界都在不断地发展，不断地变化，汉语也在不断演变。词汇是语言系统中最能体现语言演变的成分，新出现的思想和事物、新的理念都会使词汇发生改变，这些词汇从各个方面表现着社会的变化，表现着人类社会的发展，向世界传递着中国的文化。

新词（neologism）又称新词语、新造词，系指内容新、形式新，原来的词汇系统中没有或虽有但内容全新的词语，具有涵盖面广、创造性强、时效性强的特点。

汉语新词，第一个来源是外来词的本土化，如“蹦极”（bungee jumping），“博客”（blog）、“播客”（podcast）、“CC 族”（cultural creative）、“超级惜油”（hypermiling）、“黑客”（hacker）、“混搭”（mix and match）、“啃老族”（NEET group）、“控”（complex）、“快闪族”（flash mob）、“垃圾轨道”（orbital debris）、“乐活族”（LOHAS）、“绿色噪音”（green noise）、“麦时尚”（Mcfashion）等。第二个来源是旧词新用，如用“潜水”代替“网络隐身”；“韩流”“日光”表示来自韩国、日本的时尚潮流。第三个来源是地区方言，多半来自北方地区，如：“菜鸟”（green hand）、“托儿”（salesperson’s decoy）。还有一部分来自中国香港，如：“狗仔队”（paparazzi）、“吐槽”（defeating，bickering）、“搞定”（settled）等。第四个来源是为了新的需要而创造的词语，如：“给力”（to force）、“甄嬛体”（Zhen Huan Style）等。第五个来源是跨行使用，如“胶囊旅馆”（capsule apartment），“胶囊”本是医学词语，用于服务业中有了新的含义，表示小巧相邻的两个房间。

（二）新词的分类

新词可分为社会文化类、政治类、经济类、科技类、健康医疗类、教育类、环境类、娱乐类。具体范例如下所述。

社会文化类：“原生态食品”（natural food）、“果蔬豆腐”（fruit and vegetable tofu）、“撞衫”（outfit clash）、“中空装”（midriff outfit）、“透视装”（see-through look）、“抱抱装”（hug shirt）、“热裤”（hot pants）、“保障性住房”（low-income housing）、“绿色房产”（green estate）、“三限房”（commercial residential buildings subject to three restrictive measures）、“房奴”（mortgage slave）、“危改”（rebuilding of dangerous and old houses）、“小户型”（solo）、“空巢家庭”（empty-nest families）、“动车组”（EMU，electric multi unit）、“常态包机”（regular chartered flight），“交通协管员”（traffic warden）。

政治类：“征信”（credit investigation）、“‘三公’经费”（the three official consumptions）、“小微企业”（small and micro businesses）。

经济类：“反倾销”（anti-dumping）、“次贷危机”（subprime mortgage crisis）。

科技类：“鼠标手”（mouse hand）、“秒杀”（instant kill）、“网络研讨会”（webinar）、“斑竹”（board moderator）、“低头族”（phubbing）、“电子签名”（digital signatures）、“虚拟专用网业务”（virtual private network service）、“遥感卫星”（remote sensing satellite）、“航天母舰”（aircraft carrier）、“轨道舱”（orbital module）、“航天服”（space suit）、“舱外活动”（extra-vehicular activity）、“太空漫步”（space walk）、“鱼缸太空船”（fish tank spacecraft）。

健康医疗类：“程序药方”（appscription）。

教育类：“学术超男”（superman-scholar）、“学霸”（super scholar）、“牛孩”（cattle child）、“学租族”（learn hire family）。

环境类：“可入肺颗粒物”（PM2.5 particulate matter）、“气候门”（climate gate），“绿碳”（green carbon）、“气候债”（climate debt）、“限塑”（limiting the use of plastic bags）。

娱乐类：“相亲游”（dating tours）、“跑酷”（parkour）、“绝杀”（last-gasp goal）。

通过以上所述可以发现，汉语新词具有较强的概括性，常用缩略语，如“逆行者”“云会议”等，同时其还体现出了引申创造性，如继“假日经济”以后出现了“眼球经济”。

（三）新词的翻译方法

译者需要解决如何结合汉语新词的特点有效地进行翻译的问题。语言专家随着现代社会的发展，不断地往词典中补充新的词汇，译者则需要了解这些新词汇的含义，找到其在译出语中相应的解释，使翻译紧跟时代的发展，满足各行业的需求。

关于新词的有效理论是功能对等，此理论在第一章有详尽说明，在此不再赘述。下面对新词的翻译方法进行具体探讨。

1. 直译

译者在翻译时，常常使用直译手段，将原文的内容和含义忠实地传达给读者。直译能促进两种不同的语言之间产生沟通和交流。可以使用直译进行翻译的内容须具有字面内容和含义直接明确的特点。

例 8 “假日经济”

holiday economy

例 9 “感情投资”

emotion investment

例 10 “孩奴”

child slave

2. 直译加释义

直译固然好用，但如果字面含义无法直接表达其深层内容，就需要在直译之后加上解释，以便读者更准确清晰地接收信息，如“草根工业”一词，处理成“grass root industry”可以凸显其特色。“草根”一词源自英语“grass root”，一是指同政府或决策者相对的势力；二是指同主流、精英文化或精英阶层相对应的弱势阶层。经过演变，中文中的草根工业指的是乡镇企业扎根于农民并迅猛发展，在理解上有别于英语中“grass root”的理解，因此在翻译时，不妨译成“grass root industry, which refers to village and township enterprises which take root among farmers and grow like wild grass”，这样才能完整地将词语的内在含义翻译出来。

3. 意译

意译法在翻译文化内涵词时有很大的优势，能够有效地处理词汇空缺。意译法提倡译文与原文保持意义相同或相近，将译者从原文语体结构的束缚中解放出来，不再过分追求译文形式结构对等。奈达早就提出如果想在进行跨文化意义交流时准确忠实地传递内容，就需要进行一定的信息调整。在直译无法解决时，意译是译员的不二选择。例如，“杯具”一词出现的原因是用调侃的形式，借助谐音“悲剧”来形容生活的不如意，在处理时如果直译成“drink a bitter cup”则只传达了喝苦茶的含义，其内在含义英语读者并不能了解，因此要改译成“be struck by a tragedy”。类似的词语还有“海泡”（overseas-lingering graduates）、“沙发”（so fast）、“剩女”[3S（single, seventies, stuck）lady] 等。

4. 音译

音译法是译者借助原语发音和目的语拼写进行翻译的方法，目的是保留原意。在意译无法寻求对等的情况下，音译不失为一种选择，如“酷报族”，指的是高教育、高收入却生活简朴的一类人，如果直接翻译成“the groups of people who have higher education and high income, but still live a simple and thrifty life”可以很好地传达原意，但在形式上略显繁冗，此时可以处理成“cool carl”。

5. 回译

之前提过部分汉语新词是借助外来词经过演变而形成的，在翻译时可以追根寻源，进行反向处理。例如，“森女”一词表示的是如同住在森林里的女孩，甜美清新，源自日语“mori”，在翻译时可直接还原为“mori girl”。类似的还有“帕客”（提倡少用纸巾，用手帕的一族），可译成“handker chief”，“露脐装”可译成“midriff-baring shirt”。

实际并不要求只能针对某种语境或某段文字使用某种特定的翻译手段，译者可以灵活运用以上所有的翻译手段，甚至“混搭”各种翻译手段，以顺利完成原文的翻译，满足读者的阅读需求。但无论译者采用何种翻译手段，都必须以功能对等为前提，跨越不同文化之间的鸿沟，结合社会事实，将原文的描述精准地表达出来。

练习题

翻译下列词语。

1. 屡次三番
2. 强颜欢笑
3. 如梦初醒
4. 顺手牵羊
5. 立竿见影
6. 如愿以偿
7. 光天化日
8. 焕然一新
9. 临危不惧
10. 奋勇前进

第四章　句子翻译

第一节　句子翻译步骤

一、主语的确定与翻译

汉语是主题显著（topic-prominent）语言，汉语句子强调意义和功能，建构在意念主轴（thought-promnent）上；英语是主语显著（subject-prominent）语言，英语句子重形式和功能，句子建构在主谓主轴（subject-predicate-pivot）上，主谓要求形式一致。

汉语句子突出的是句子的主题而不是主语，汉语句子主语往往不易确定。英语重形合，句子主语明显，各成分之间关系清楚。句子汉译英时，首先需要确定句子的框架，找出合适的主语。汉英翻译中的主语转换通常有以下三种方式：对应（equivalence）、转换（shift）、补充（supplement）。

（一）对应

如果原语有明确的主语，特别是原文由名词作主语时，大多可保留原文主语。

例 1　我的最大爱好是沉思默想。

My favorite pastime is meditation.

例 2　我国政府已明确宣布上海浦东的开发、开放是 20 世纪 90 年代中国改革开放的重点。

The Chinese government has made it clear that China throws its emphasis of reform and opening-up in the 1990's on Pudong area of Shanghai.

例 3　生活像一块大大的海绵，而其中的爱就像各种浓度不同的溶液，它们都饱含在生活这块海绵里。（馨月《爱》）

Life is like a big piece of sponge, and the various kinds of love life is imbued with are just like the solutions of different density absorbed therein.（*Love*—Xin Yue，张培基 译）

（二）转换

由于东西方民族的思维方式有很大差异，语言的沟通叙述有着不同的表达习惯，因此，在汉译英时，不能生硬地将汉语词语按照汉语的行文习惯搬到英语译文中。通常译者需要重塑句子的主从结构，以保证译文顺畅、易于通读。

汉语句子往往以人作主语，而英语国家的人在使用语言时往往强调客观现实，因此英语句子常常以客观事物或抽象概念作主语。

例 4　他开车时心不在焉，差点出事。

His absence of mind during the driving nearly caused an accident.

例 5 （人们）真正了解，才能相信。

Trust comes out of real understanding.

例 6 正是有了这副好嗓子，我今天才混得不错。

My voice has enabled me to earn a fair livelihood.

英语中还常常用时间、地点等名词作句子的主语，以显示其客观性。例如：

例 7 在罗马城发生了许多伟大历史事件。

Rome witnessed many great historic events.

有时为了突出主题信息，汉译英时也需要对主语进行转换，把最主要的信息作为英语句子的主语。

例 8 ……到去年年底，我部已同有关省市签订了 100 余艘中小船舶的建造合同和协议。

By the end of last year, contracts and agreements were signed with some provinces and cities for the construction of more than 100 medium and small sized vessels.

例 9 他只要听到几句恭维话就会得意忘形。

A little flattery would get him carried away.

如前所述，汉语在表达时注重意合，侧重于字词句段之间的隐性关联，凭借逻辑关系连接语句的连贯，实现其中含义的顺畅表达。而英语在表达时注重形合，侧重点在于句式结构的显性连接，有专门的衔接词汇和连接形式，对于语句结构和逻辑的限制相对严格。汉语的主语并不固定，可以根据表达形式进行更改甚至隐去，结果都不会影响内容的表述和读者的阅读；而英语要求句式的结构中一定要有一个始终不变的主语，这样才符合其行文习惯和逻辑习惯。

例 10 语言这东西不是随便可以学好的，（学习者）非下苦功不可。

The mastery of language is not easy and requires painstaking effort.

例 11 花儿虽然看上去可爱，但风吹不得，日晒不得。

Although flowers look lovely, they can not stand wind and sun.

英语句子的另一个特点是前轻后重，也就是比较短的在前，比较长的在后，由此形成“尾重”（end weight）。因此英语中经常用“it”作形式主语，其逻辑主语是后面的短语或从句。

例 12 你带了雨伞是明智的。

It was very wise of you to bring an umbrella.

例 13 他不当教师已经三年了。

It is already three years since he was a teacher.

（三）补充

汉语重意合，无主语句子比较常见；英语重形合，句子主语是不可或缺的。因此，在翻译无主语句子时，译者应根据上下文或英语行文习惯补出主语。

例 14　要吃有吃，要穿有穿。

We have enough to eat and sufficient to put on.

例 15　活到老，学到老。

One is never too old to learn.

例 16　玩火自焚。

Whoever plays with fire will perish by fire.

二、谓语的确定与翻译

汉语的谓语也具有开放性的特点，同汉语对主语的选择一样，无论是什么性质，无论哪种语言都能够成为句子的谓语。而英语对句子成分的限定比较严格，英语中只能由动词充当谓语的角色。此外，汉语可以连用多个词语当作谓语，而英语的谓语只能是一个主要动词，所以英语句式中其他动词存在的形式大多为非谓语（分词、不定式）。

在英语语句中，主谓搭配的形式比较固定，且主语通常是句子的主体，谓语及其他部分会随着主体的选定被确定下来。在汉译英时，要先确定汉语句子中的主体，这样才能确定句子中的其他成分，尤其是谓语部分，再按照语法的行文规则完成翻译。英语中的谓语要和主语保持人称、数的一致；汉语中隐含的时态、情态和语态也需要明确化。

例 17　他经常去上海。

He often goes to Shanghai.

例 18　最近石油和燃料煤气的价格上涨了。

Petroleum, along with fuel gas, has recently risen in price.

例 19　学生们打算这个周末与老师一起去野炊。

The students, together with their teacher, are going to have a picnic this weekend.

第二节　句子翻译策略

一、汉英句子翻译策略

（一）增译法

增译法（amplification）又称增词法，指译者在进行翻译时，可以根据实际需要，添加一些词汇使译文的表达更加生动明确。这项翻译方法明确要求译者在翻译时增添的词语虽然可能在原文中找不到对应的词汇，但要求原文意义能够体现出来。现代英语和现代汉语的行文风格有很大不同，现代英语的文风朴实、简洁；汉语则运用了很多修饰性的词语，文风或文雅，或华美，但都具有浓重的中华民族文化特点。增译法能够完美解决这两种语言在表达和文风上的差异，解决翻译过程中的修辞、语义及句法等多个方面的问题。现从语义、句法两方面对汉英翻译的增译法进行探讨说明。

语义性增译指出于语言表达的需要，使译文语义明确、表达通畅，译者有时需要将背景信息或原文中隐含的内容增补出来，以免产生含混不清的感觉。

例 1 他们把邻村的老张请去介绍经验。

They invited Lao Zhang to give talks on his successful experience.

例 2 我们每个人在工作中都要顾全大局。

Everyone of us should advocate the spirit of taking the whole situation into consideration in our work.

如上所述，汉语表达的重点在于意合，而英语表达的重点在于形合。汉语中虽强调句子的隐性联系和意义联系，但不重视句式结构的衔接；而英语的表述形式恰恰相反，其重视句子的各个成分的组合形式和衔接方式，词汇、句式的衔接是英语句式组成的重要部分。因此，译者在翻译时应明确二者的这个差异，在汉译英时应结合增译法将汉语表述中隐性的连接关系增补出来。

例 3 吾爱吾师，吾更爱真理。

Plato is dear to me, but dearer still is truth.

例 4 妈妈把这碗饺子推到我面前："吃吧，多吃，趁热吃。"

Mom pushed the bowl to me, saying："Help yourself, take as many as you like while they are hot."

例 5 我想简单谈一谈我们投赞成票的理由。

I should like to make a brief statement regarding some of the considerations leading to our affirmative vote.

（二）减译法

减译法（omission）又被称为减词法或省略法。与增译法相反，为了符合译语表达习惯，我们经常需要删减一些可有可无或使译语显得累赘的词语。减译法也是出于语义、句法或修辞等方面的需要。

汉语中不少词语讲究对仗工整，如悲欢离合（joys and sorrows）、成败得失（success or failure）、春夏秋冬（one year：spring, summer, autumn and winter—four seasons）、颠三倒四（be disorderly）、粗茶淡饭（simple diet）。这些词语大多语义重复，翻译时只需翻译其中一部分意思或其泛指意思即可。汉语句子中若有类似的词语或其他语义重复的表达，英译时如果一味地直译，会显得拖沓、啰唆。请看下面句子的翻译：

例 6 我们要彻底粉碎敌人的阴谋。

We shall smash the scheme of the enemy.

例 7　不要白白浪费这样一个千载难逢的机会。

Don't waste such a golden opportunity.

例 8　我陷入了进退两难的窘境中。

I was put in a great quandary.

例 9　他是在我不知道的情况下私自拿走的。

He took it away without my knowledge.

由于句法或修辞的需要，汉语有时会重复某些意思相近的词句，若照搬到译文中去就会显得累赘。请看下面句子的翻译：

例 10　请上船。

All aboard!

例 11　一针及时省九针。

A stitch in time saves nine.

（三）语序调换法

汉语句子属于“板块式”或“竹式”结构，很多汉语句子内部成分按照动作实际上或逻辑上的时间顺序排列，外形上没有主从之分，层面之间也没有明显的逻辑标记。英语句子属于“树式”结构或“多枝共干形”结构，运用丰富的关系词把各种相关信息组成枝干，依附在主谓主干上。

译者不仅要精通两种不同的语言，以便将每种语言中的组成成分、结构层次梳理清晰，调整语序，找出对应的逻辑关系以完成翻译，还需要深谙两种不同的民族文化，使译文贴近译出语文化，表达得更加顺畅、地道。语序调整法（inversion）就是调整原文的各部分语言成分的排列顺序，达成翻译的目的。

1. 定语位置的调整

汉语的定语及修饰成分一般放在被修饰名词的前面，即使有几个定语也是如此。英语的修饰成分比较灵活，除了短小前置定语，后置定语及定语从句在英语中都十分常见。汉译英时，需要根据句法特点进行调整。

例 12　前面的路被倒下的树挡住了。

The way ahead was blocked by fallen trees.

例 13　姐姐富有感染力的笑声打破了沉寂。

My elder sister's laugh，which was very infectious，broke the silence.

2. 状语位置的调整

通常情况下，状语在汉语中的位置处于主语之后，谓语之前，而有时为达到强调的目的，也会将状语放置于主语的前面。在英语中，状语的位置相对灵活，可以根据实际情况决定其在句子中的位置，不限制其在句子的哪个部位。但有些短语作状语时，位置相对比较固定，汉译英时需要注意。请看下面句子的翻译：

例 14 钢材的需求量逐年递减。

The demand for steel is on the decrease each year.

3. 叙事与表意的顺序调整

汉语句子一般叙事在前，表意在后，而且通常前者较长，后者较短。另外，很多复句前后都有一定的逻辑关系，表明事件先后顺序、条件与结果、原因与结果、让步与转折等，它们在汉英两种语言中的排列顺序也有较大差异，翻译时需要予以适当调整。

例 15 今天忽然听说北京大学要开一个运动会，这个消息使我很高兴。（胡适《我对于运动会的感想》）

Today I was very happy to hear that Peking University was about to schedule a sports meet.（*Reflections on the Sports Meets*—Hu Shi，张培基 译）

例 16 每逢母鸡要生蛋的时候，她真是欢喜极了，她要多把些粮食给它，又要替它做窝。（郭沫若《菩提树下》）

She will be immensely delighted whenever a hen is laying，giving it additional feed，making it a new roost.（*Under the Linden Tree*—Guo Moruo，张培基 译）

4. 修辞需要作出的调整

汉英两种语言具有各自的语法或句法特征，因此句子内部排列顺序不尽相同。例如，英汉感叹句、倒装句的句式结构有较大差异。另外，英语为了避免头重脚轻，形式主语十分常见，汉语则不存在这种情况。总之，对于句法或修辞引起的句式差异在翻译中都应该认真考虑。

例 17 多么可爱的小孩呀！

What an adorable child!

例 18 天气可太坏了！

What awful weather we're having!

例 19 是的，各行各业的兴旺与成功，上上下下的默契和互动是何等的重要呢！

Indeed，how important is the understanding and interaction between the leadership and the led to the success and prosperity of all trades and professions!

（四）分译与合译

翻译时，对于句子的结构问题，除了可以使用语序调换法辅助翻译工作外，还可以使用合译（combination）以及分译（division）的方法调整句式结构，完成翻译。分译和合译这两种翻译方法是翻译工作者常用的翻译方法，对句子长短没有固定要求，一般来讲，分译常用于翻译长句，合译常用于整合翻译短句。译者需要根据句子的成分结构和实际要求选择最佳的翻译方法进行翻译。

分译也叫拆译，当遇到结构较为复杂的句式时，可以将句子拆分成多个较为简单的短句，从而将内容完整顺畅地翻译出来，这就是分译。在翻译过程中可以调整句子的语序，使之贴近译出语阅读习惯，也可以将某些特定词汇分离出来，单独翻译注解。分译的目的是让译语表达更地道，表意更清晰。请看下面句子的翻译：

例 20 四周没有灯火，那座祠堂也睡着了。

No lamps shone around. The clan temple was also asleep.

例 21 记得第一天卖气球，我推着借来的三轮车，心里既担心又激动，好在开市大吉，粗算一下，挣了二十多。

I remember how excited and worried I was the first day when I push the tricycle borrowed from a friend with balloons in it. I earned over 20 yuan. It was a good start.

与分译相反，合译是把两句或更多的句子译成一个句子。合译时要注意句间的逻辑关系和内在联系，合译后句子要更简洁、自然、流畅。请看下面句子的翻译。

例 22 近年来，卫生部门作出决定，全面地整顿药品市场。整个工作分两个阶段进行。

Recently，health departments have made a decision to straighten up medicine products market in two phases.

二、重点句型翻译策略

（一）特殊句的翻译

1. 被动句

出于语义、文体、修辞、衔接等方面的原因，被动语态在英语中的使用相当广泛，而在汉语中虽然也有被动表达，但使用频率小得多。尽管如此，汉语被动意义的表达形式却比英语多，英语被动语态通过动词变化来表达，由"be+ 动词过去分词"构成，形式明确，一目了然。汉语的被动句主要包括两大类型：一类是显性被动句，这类被动句通过词汇手段表达被动意义，如"被字句"，而除了"被"字，还可以在动词前面添加"受""遭""让""给""叫""挨"或者"有了""得到""获得""予以"等词，同时被动句也可以在施事者前加"由""是""为"，动词后加"的""所"，通过"是……的""由……的""为……所"等句式表达；另一类是隐性被动句或意义被动句，句子不以任何形式显示出被动意义，如"这个问题解决了"。

英语被动句的使用比汉语频繁得多，因此翻译汉语被动句时，较多采用被动语态。

例 23 我走进厨房，发现积余的脏碗和锅刷得干干净净的放在柜里，房间也被打扫了一遍。（郭敬雷《母爱的气息》）

I went in to the kitchen，and found that the dirty pots and pans that had accumulated for quite a few days had all been washed clean，and were stacked in the cupboard and that the rooms had been swept.（*The Breath of Maternal Love*—Guo Jinglei，张培基 译）

例 24 几天的阳光在柳条上撒下的一抹嫩绿，被尘土埋掩得有憔悴色了，是需要一次洗涤。（何其芳《雨前》）

The willow twigs, daubed with a light green by several days of sunshine, are now covered all over with dust and look so sickly that they need to be washed.（*Praying for Rain Fall*—He Qifang，张培基 译）

2.“是”字句

汉语中的“是”字句是由判断动词“是”作谓语构成的句子，主要表示判断。其意义和功能与英语中的“to be”结构句型类似，但不完全等同。同时，汉语的“是”字句除了表示判断外，还可以表示“存现”“强调”或其他的特殊意义。

在判断句中，主语与宾语的关系通常有三种：等同、类属和性质特征。表示等同时，主语与宾语的概念相同，两者通常可以互换；表示类属时则意味着主语从属于宾语，是宾语的一部分；表示性质特征时，宾语是对主语特征的描述。

例 25 莎士比亚是《罗密欧与朱丽叶》的作者。

William Shakespeare is the author of *Romeo and Juliet*.

例 26 黄铜是铜锌合金。

Brass is an alloy of copper and zinc.

在汉语句子中，“是”作谓语还可以表示存现。存现句的主要功能是引进新信息，通常可以用英语的“there be”句型表达，但也可用英语中表示存现的动词，如 be、lie、appear、stand、sit、be situated 等表达，或者根据语境选用相关的动词，如 flow、float、go through、drench 等表达。除此之外，还可以根据具体情况改变句型，传达原文的意思。

例 27 孩子满头是汗。

The boy's head was drenched with sweat.

汉语的“是”还具有强调功能。为了强调，可以在本来不必用“是”的地方加个“是”，或者使用“是……的”句式；有时为了加重强调的分量，可以在“是”字前添加一些副词，如“的确是”“本来是”“正是”“尤其是”“就是”“却是”等。翻译时，译者可以根据语义添加相应的副词。但是英语中表示强调的手段很多，除了添加副词外，还可使用强调句型、倒装结构或其他词汇手段，有时甚至无须采取任何特别的强调手段，只当没有这个“是”字。

例 28 这姑娘是漂亮。

This girl is really beautiful.

例 29 这些鸡雏真是可爱。

The baby chicks were just lovely.

例 30 从政者最终是向选民负责。

Politicians are ultimately accountable to the voters.

例 31 这正是我们第一次相遇的地方。

It is the very place where we met for the first time.

例 32 黑暗是一秒钟一秒钟地淡了，但它还留下了个网把一切都掩覆着。

Second by second the darkness faded, but it still was a net that covered everything.

所谓特殊“是”字句是指汉语中有些“是”字句型在英语中没有对应的表达。汉语中的“是”可以表示让步。

例 33 我设法洗掉墙上的油渍，可就是洗不掉。

I tried to remove the grease spots from the wall but they wouldn’t wash off.

“是”在汉语中可以表达说话者的某种直观判断或结果；“是”还可以表示区分，比如“你是你，我是我”，在一定的语境下，省略内容较多时，“是”后接宾语并非表示前面主语的内容。这些特殊用法在汉译英过程中都需要仔细阅读原文，灵活处理。例如：

例 34 那年月，有钱人是天天过年。

In those years, the people’s extravagance was such that everyday was a Spring Festival.（张培基 译）

3. 连动句

连动句又叫连谓句，是用连动短语构成谓语的句子。连动句中的两个或多个动词连用陈述一个主语，连动项之间没有语音停顿，书面上没有逗号，动词项之间也没有连词。连动短语中的各个动词虽然互不作成分，但在语义上具有一定的逻辑关系，如次序、并列、伴随、因果、并列、条件、方式、手段等。

英语与汉语不同，在一个英语句子中，除了并列谓语以外，一个句子只有一个谓语动词，其他表示动作意义的词语均以非谓语形式出现。因此翻译连动句式，需要理解汉语动词之间的意义关系，遵循英语句法结构和表达习惯，采用灵活的翻译方法。具体来说，通常有以下几种处理方法。

（1）用 and 或逗号连接。如果谓语表示连续发生的动作，可译成英语的并列谓语，用逗号或连词“and”连接。

例 35 我今晚去看电影。

I’ll go and see the film tonight.

例 36 他放下书站了起来。

He put down the book and stood up.

例 37 那个小男孩坐在地上大哭起来。

The boy sat on the ground and cried loudly.

（2）利用英语动词的非限定形式。连动词如果是连贯的，除了译成并列谓语外，有时也可以将次要的、先完成的谓语动词译成分词或状语从句，后一个动词译成句子的谓语。

例 38 他读完第一页就翻到第二页。

Having read page 1, he turned over to page 2.

例 39 他到了车站发现火车已经开走了。

Arriving at the station, he found that the train had left.

例 40 我再向外看时，他已抱了朱红的橘子往回走了。（朱自清《背影》）

The next moment when I looked out of the window again, father was already on the way back, holding bright red tangerines in both hands. (*The Sight of Father's Back*—Zhu Ziqing，张培基 译)

除了 -ing 式以外，非限定动词还有 -ed 式和不定式。翻译连动句时，最主要的动词需要译作谓语，其他动词可以借用非限定形式表达。一般来说，-ing 式可以表示连贯动作，也可以表示并行、方式、条件和原因等；-ed 式具有完成意义，如果是及物动词构成则具有被动意义；不定式则更多地表示目的、结果、原因等。

例 41 我们听到这个消息感到十分悲痛。

Hearing the news, we were very much grieved.

例 42 团结则立，分裂则亡。

United, we stand; divided, we fall.

（3）利用介词。英语中有不少介词具有动作意义，有些介词虽然本身没有动作意义，但是与名词连用就具备了动作意义。利用介词或介词短语翻译一些动词不失为一个好方法，它能使译文更简洁、地道。

例 43 把梯子竖起来靠在墙上。

Stand the ladder up against the wall.

例 44 老师拿着一本书走进了教室

With a book in his hand, the teacher came into the classroom.

（4）利用副词。英语的副词大部分由形容词构成，但也有一些副词具有动作意义，翻译连动句时也可加以利用。

例 45 他每天扶那位老大娘上下楼。

He hands the old granny upstairs and downstairs every day.

4. 存现句

存现句是语义上表示某人或某物存在、出现或消失的句子。存现句的典型结构是“处所 / 时间 + 存现动词 + 人或物”。

汉语中的存现动词种类很多，最常见的是“有”“是”（“是”表示存现在上文“是”字句中讨论过）等。还有一些表示人的状态或运动变化的词，如“坐”“站”“立”“围”“挤”等；表示人对物体安放或摆放的词，如“放”“堆”“挂”“贴”等；表示植物生长状态的词，如“长”“开”等，以及其他表示物体存在类型的词，如“画”“刻”“煮”等。另外，有一种特殊情况，即零动词的存现句，也就是没有动词的存在句，如“遍地黄金”。

具体来说，存现句分为以下两种类型：一是存在句，即某处所存在着某人或某物，二是隐现句，即某处所出现或消失了某人或某物。

英语中也有存现句，用以强调人或物在特定时间或地点存在、出现或消失。英语存现句主要结构为“there+be/ 动词 + 名词短语 + 处所”。“there+ 动词”结构中的动词大多是表示状态的系表动词，如 sit、stand、lie、appear、rise、spring 等。因此，翻译汉语存现句时可以将其转化为英语的存现句。

例 46　山上有一座庙。

There is a temple on the hill.

例 47　夏天这里总有成群结队的游客。

There are always horde of tourists here in the summer.

例 48　东西方文化之间存在着明显的差异。

There is an obvious contrast between the cultures of East and West.

例 49　物理世界中存在着一些守恒定律，其中有些是严格的，有些是近似的。

In the physical world there exist a number of conservation laws，some exact and some approximate.

有些汉语存现句译成英语无须改变句式结构，译者可以保留原文结构，但需要注意根据语义和搭配习惯对译文动词作出调整。

例 50　南国之秋，当然是也有它的特异的地方的。

Autumn in the South also has its unique features.

例 51　最小的胡同里的房子也有院子与树。（老舍《想北平》）

Even houses tucked away in very small lanes have their own courtyard and trees.（*Fond Memories of Peiping*—Lao She，张培基 译）

汉语存现句也可以译为英语倒装句，把表示时间或处所的介词短语置于句首，存现的人或物放在句尾。

例 52　正门之上有一匾。

Above the front gate was a tablet.

英译存现句可以对汉语句式结构作出较大调整，将原存现句中的宾语转化为译文的主语，谓语动词视上下文而定。

例 53　门口站着两个士兵。

Two soldiers are standing outside the door.

（二）复合句的翻译

复合句指两个或两个以上的单句，在意义上彼此联系，在结构上互不包含，合起来构成的句子。汉语的复合句类型较多，句内的关系也较为复杂，大致可以分为两类十种：并列关系五种（并列、顺承、递进、选择和解说）和偏正关系五种（条件、转折、假设、原因和目的）。

汉语复合句可以翻译成英语的复合句，也可以翻译成英语单句，其主要在于抓住句子的重心，将主要信息译成英语的主语，其余部分视情况可用非限定形式、介副词短语或从句来翻译。

1. 汉语复合句译成英语简单句

汉语复合句由两个或两个以上单句组成，翻译成英语一般需要译成复合句，但有时为了使句子结构更紧凑、语言更生动，将汉语复合句译为英语简单句也不失为一个很好的选择。

例 54 生命中不是只有快乐，也不是只有痛苦。

Life contains neither unalloyed happiness nor mere misery.

例 55 即使是最好的厨师，有时也会做出不好的菜来。

The best cook sometimes makes bad dishes.

2. 汉语复合句译成英语并列句

例 56 好事不出门，坏事传千里。

Good deeds are never heard of outside the door, but bad deeds are proclaimed for three hundred miles.

例 57 她不老实，我不能信任她。

I can't trust her because she is not honest.

例 58 电影很有趣，我一定要去看。

The film is interesting. I'll go and see it.

例 59 你已经快 20 岁了，还老是说出那种傻乎乎的话来。

You're nearly twenty, yet you keep saying silly things like that.

3. 汉语复合句译成英语的主从复合句

例 60 他的腿摔了，所以不能到处走动。

Since he broke his leg, he can't get about.

例 61 除非你有医生证明，否则你不上班就拿不到工资。

You won't get paid for time off unless you have a doctor's note.

例 62 只要前面出现一点空隙，他就会亮起前车灯超车。

He flashed his headlights and jumped lanes whenever a gap opened up.

例 63 经过市场，我看见售货摊上有从海里打来的鲜鱼卖。

I went past the market where the stalls displayed fish that had been brought from the sea.

（三）长句的翻译

长句通常指的就是字数更多、结构更加复杂且往往能够表达多种语义的句子。汉语的长句通常有两种：一种是用来表达事物之间存在的逻辑关系的多重复合句，通常由多个复合句子组成，能够清晰地将事物之间的联系表述出来；另一种是成分多而复杂的句子，不仅内容丰富详细，而且陈述比较细致。

长句字数多、结构复杂的特点一直被视为翻译的难点。译者在翻译长句时，一般需要先通读全句，捋清句子的结构，捋清句子各个组成部分以及各部分之间具有什么样的关系，理解句子在原文中的含义，然后再根据长句的内容和结构设计出译文的框架结构。这一过程需要作者掌握译入语和译出语的语言逻辑关系，十分考验译者的语言分析能力和组织能力，译者深厚的语言功底将在这一过程得以体现。最后，作者要根据自身对原句的拆解分析和理解，运用译出语将原句通顺地表达出来。译文不仅需要有紧凑严格的句式结构，而且不能改变原文的风格，将原文的内容、思想等精准详尽地表述出来。长句的翻译技巧大致有以下四种。

1. 分译

长句的翻译可以适当使用分译法完成。分译法可以将长句子拆分成易于理解和翻译的多个短句，使译文表意清晰，层次明朗。

例 64 我崇拜朝气，欢喜自由，赞美胆量大、精力强的。

I worship vitality and love freedom. I extol the plucky and strong in heart.

例 65 孩子们是可爱的，他们天真，坦白，热情，心里想到什么就说什么，没有丝毫虚伪，没有丝毫勉强。（谢冰莹《粉笔生涯》）

The kids are just lovely. They are naive, candid and cordial. They speak straight from the heart, without the slightest insincerity or reluctance. (*Chalk Career*—Xie Bingying，张培基 译）

例 66 路是这般遥远，望过去似乎就在半里以内，而走起来时经过了不知多少的草棚茅舍，还没有到达目的地。（谢冰莹《黄昏》）

The place was farther than it seemed. We had to walk past numerous straw sheds and cottages before we got there. (*Dusk*—Xie Bingying，张培基 译）

例 67 当然，男人当中亦不乏刷洗干净洁身自好的，甚至还有油头粉面衣冠楚楚的，但大体讲来，男人消耗肥皂和水的数量要比较少些。（梁实秋《男人》）

There are of course no lack of men who always make a point of keeping themselves spick-and-span. And some of them even make up heavily and dress respectably. But, generally speaking, men consume a smaller quantity of soap and water than women. (*On Men*—Liang Shiqiu，张培基 译）

2. 合译

虽然大多数情况下，长句需要分译，短句需要合译，但有时长句句际间逻辑关系密切，合译反而能使译文结构更紧凑、语言更简洁、表达更顺畅。

例 68 在 1300 年前，已经发明了刻版印刷。在 800 年前又发明了活字印刷。

Block-printing was invented 1,300 years ago, and movable type 800 years ago.

例 69 许多国家通货膨胀持续下降，大大促进了这些国家不断发展经济，减少贫困。

Durable reductions of inflation in many countries have greatly improved the prospects for sustained growth and poverty reduction in those countries.

例 70 这个地方现在已经成了冬夏两季的休假胜地，风光景物，蔚为奇观；而从前精疲力竭的游客只能到此止步。

This land, which once barred the way of weary travelers, now has become a land for winter and summer vacations, a land of magic and wonder.

例 71 人类这东西，就有这么奇怪，无论什么事，你若老老实实地把实话告诉他，不但不能激起他共鸣的情绪，而且还要轻蔑你冷笑你。（庐隐《吹牛的妙用》

Man is a queer animal. Suppose you tell someone the plain truth about a certain matter without holding anything back, he will probably laugh at you scornfully instead of returning a congenial response.（*The Wonderful Use of Boasting*—Lu Yin，张培基 译）

例 72 塑料是由水、煤和石灰制成的。水是取之不尽的到处可以获得的天然资源；煤是用自动化和机械化的方法开采的，成本较低；石灰是由煅烧自然界广泛存在的石灰石得来的。

Plastics is made from water which is a natural resource inexhaustible and available everywhere, coal which can be mined through automatic and mechanical processes at less cost and lime which can be obtained from the calcination of limestone widely present in nature.

例 73 在另一方面，当学生的也应当了解：既然师和弟子的关系并不以师必贤于弟子、弟子必不如师为条件，那么，今天的学生在看到老师的某一方面的短处以后，也就不应该马上得到结论说，老师再不能做老师了。某一方面的短处并不等于一切方面的短处；反之，某一方面的长处也并不等于一切方面的长处。（廖沫沙《〈师说〉解》）

On the other hand, however, pupils should also understand this : when they discover a teacher's weak point in a certain respect, they should not jump to the conclusion that he is no longer qualified as a teacher, because the weak point in one respect does not mean the weak point in all respects and, likewise, the strong point in a certain point does not mean the strong point in all respects.（*My Interpretation of* "*On the Teacher*" —Liao Mosha，张培基 译）

3. 主从区分法

汉语重意合，句子内部往往依靠语义而不是形式标记词衔接。从形式上看，汉语长句内各部分平等，没有主从之分，然而从逻辑上分析，各句之间有主从之别。因此英译汉语长句时，可以根据原文语义确定主干，将主要信息译成主句，而次要信息以非限定动词结构、介副词短语或各种从句形式来表达。

例 74 他是个外国人，听不懂这个笑话。

Being a foreigner, he did not catch on the joke.

例 75 那是我最快乐的一天，《从军日记》出版了！（谢冰莹《饥饿》）

I was beside myself with joy the day when I found my book *The Diary of a Woman Soldier* published at long last.（*Hunger*—Xie Bingying，张培基 译）

例 76 我爱海，我愿意将来有那么一天，筑两间茅屋在海滨，整天听柔风和海涛蜜语，看海水吻着海滩。（谢冰莹《海恋》）

I love the sea. I wish I could some day live by the sea in the thatched cottage of my own so that I could all day listen to the soft breeze and the sea communicating with each other in sweet whispers and watch the rolling waves kissing the beach.（*I Love the Sea*—Xie Bingying，张培基 译）

例 77 父亲打了我的时候，我就在祖父的房里，一直面向窗子，从黄昏到深夜——窗外的白雪，好像白棉花一样飘着；而暖炉上水壶的盖子，则像伴奏的乐器似的振动着。（萧红《永远的憧憬和追求》）

Whenever father had given me a beating, I would seek solace in grandpa's room where I would stay gazing out of the window from dusk till late into the night while snowflakes were flying like cotton and the lid of the kettle over the heating stove rattling like a musical instrument playing an accompaniment.（*My Everlasting Pream and Pursuit*—Xiao Hong，张培基 译）

4. 破折号法

适当地使用破折号也是翻译汉语长句的一种简单有效的方法。破折号可以代指前述主题，使译文简洁、流畅。

例 78 国家的统一，人民的团结，国内各民族的团结，这是我们的事业必定要胜利的基本保证。

The unification of our country, the unity of our people and the unity of our various nationalities—these are the basic guarantees for the sure triumph of our cause.

例 79 最早的人类山顶洞人走下山来，不知住过多少代，才懂得造个窝儿的时候，他们也只会模仿岩洞，把地挖个半截坑、上面再搭上个顶篷。（端木蕻良《黎明的眼睛》）

Man's ancestors had been cave-dwellers before they left their mountains to settle on the plain. It was not until countless generations later that they began to build dwellings patterned after a cave—with an awning over a shallow pit in the ground.（*The Window*—Duanmu Hongliang，张培基 译）

例 80 山行六七里，渐闻水声潺潺而泄出于两峰之间者，酿泉也。（欧阳修《醉翁亭记》）

When you penetrate a mile or two into this mountain you begin to hear the gurgling of a stream, and presently the stream—the Brewer's Spring—comes into sight cascading between two peaks.（*Story of Old Tippler's Pavilion*—Ouyang Xiu，杨宪益、戴乃迭 译）

例 81 没有一个人将小草叫作"大力士"，但是它的力量之大，的确是世界无比，这种力，是一般人看不见的生命力，只要生命存在，这种力就要显现，上面的石块，丝毫不足以阻挡，因为它是一种“长期抗战”的力，有弹性，能屈伸的力，有韧性，不达目的不止的力。(夏衍《野草》)

Though nobody describes the little grass as a “husky” , yet its Herculean strength is unrivalled. It is the force of life invisible to the naked eye. It will display itself so long as there is life. The rock is utterly helpless before this force—a force that will forever remain militant, a force that is resilient and can take temporary setbacks calmly, a force that is tenacity itself and will never give up until the goal is reached. (*Wild Grass*—Xia Yan，张培基 译)

（四）比较句的翻译

人们常说：“有比较才有鉴别。”比较是人类认识、分辨客观事物的重要思维方法。语言中的比较句式就是这种思维在文本中的表达形式。比较句式能够将相互比较的两个或多个事物的共同点和差距突出地表述出来。无论是形式结构还是表述方式，比较句式在汉语和英语的表述中都有很大的差距。在汉语中，比较句主要依靠“比”“更”等对比性词语构成，句式的变化不大。而英语主要依靠对语法的使用的变化表述事物的对比，因此，英语的比较句式有多种变化形态，语法特征较为显著。在对比较句式进行汉译英时，首先需要重点观察其内在意义，其次才是句子的形式，只有明确其中的对比关系，才能够用英语的比较句式完成翻译。此外，西方人在表述时，一般只会对事物表示相对的肯定或否定意见，而中国人在表述时常使用极比句式，即最高级来表述对事物的对比观点。比较句式的翻译是汉英翻译时常见的难题，难点在于理解以及表述两个方面。因此，翻译比较句时，需要完全理解汉语的结构和含义，再使用英语将其内涵顺畅地表达出来。

比较句式一般可以分为等比句式、差比句式、极比句式、例比句式和择比句式五种类型。

1. 等比句式

汉语中的“等比”（comparison of equality）指两个（组）相比较的人、事物或概念处于同样的或相等的情况，如汉语中包含“同样”“正如”“等同”“就是”“即”“既……又（也）……”“跟（同）……一样”“等于”“不亚（下）于……”和“不比……差”等词语的句子。

（1）对于等比句式，经常用 like，as，as well as，as...as，be equal to，not only... but also... 等词语来翻译。

例 82 既勇于坚持真理，又勇于承认错误。

Be courageous in holding the truth as well as in admitting the mistakes.

例 83 跟其他人一样，我活在这世界上，是为了追求美好的生活。

Like everybody else, I live in this world for the purpose of a better life.

例 84 再见，我多难的乡土！我恨你，我又不得不爱你！

Good bye, my ill-fated motherland! Much as I hate you, I have got to love you as ever!

例 85　某一个方面的长处就等于一切方面的长处，这种看法不对。

It is not right to say that to be strong in one aspect means strong in all aspects.

例 86　他从此加倍努力奋斗，既为了自己，也为了千千万万个同胞。

He is going to redouble his efforts to struggle not only for himself, but also for the thousands upon thousands of his compatriots.

（2）等比句式还常用 no more（less）than..., no more（less）..., than..., not any more...than, not more than, not so much...as... 等来翻译。

例 87　没有爱心不称其为家，正如没有灵魂不称其为人。

A home without love is no more than a man without soul.

例 88　不讲礼貌无异于羞耻。

To be impolite means little less than a shame.

例 89　求取知识固不易，传授知识也同样不易。

It is not easy to impart knowledge any more than it is to acquire knowledge.

例 90　美丽的衣服不能使人成为谦谦君子，正如漂亮的羽毛不能使鸟儿成为良禽一样。

Beautiful dresses do not make a fine gentleman any more than beautiful feathers make a fine bird.

例 91　名誉和地位并不比真正的功德更值得尊敬。

Fame and position are not more deserving of honor than real merit.

例 92　一个人的价值不在于他有多少财富，而在于他本身的品质。

A man's worth lies not so much in what he has as in what he is.

例 93　与其说这条河把这两个国家分割开来，还不如说把它们连接了起来。

The river does not so much divide the two nations as unite them.

（3）等比句式有时还可以用 A is to B what C is to D/ A is to B as C is to D/ What C is to D, that A is to B（A 对于 B，正如 / 好像 C 对于 D）来翻译。

例 94　作家的笔就等于战士的枪。

A pen is to a writer what a gun is to a soldier.

例 95　公园对于城市就像肺对于人体一样。

The park is to a city what the lung is to a man's body.

例 96　引擎对于机器的重要性，就像心脏对动物一样。

Engines are something to machines as hearts are（something）to animals.

例 97　阅读对于心灵犹如运动对于身体一样重要。

What exercise is to the body, that reading is to the mind.

2. 差比句式

汉语中的“差比”（comparison of difference）是指在比较中表示差距或差异，包括以优级为对比基点的优级比较和以次级为对比基点的次级比较，如包含“更”“还”“愈”“益”“甚（为）”“多于”“比……更（还、多）……”“超过”“不如”“比不上”“不至于”等词语的句子。

（1）汉语的差比句式经常可以用英文中的 more than...，more...than...，less...than...，not so much as...，not so much...as... 等句式来翻译。

例 98 我爱大自然的方方面面，我爱山，但更爱海。

I love diverse aspects of nature, but I love the sea more than the mountain.

例 99 我喜欢他的外貌，但更喜欢他的品格。

It is not so much his appearance I like as his personality.

例 100 他既是益友，更是良师。

He is more of a good teacher than a helpful friend.

例 101 札记里的话多是些随感，不如这部书讲得透彻。

The reading notes, primarily some random thought, are less thorough going than this book.

（2）汉语的差比句式有时可以用 to be inferior/ superior to... 等词语来翻译。

例 102 鉴定会上专家指出，这种方法优于其他方法。

At the appraising meeting, experts stated this method was superior to the others.

例 103 你的工作成绩和他相比毫不逊色。

Your achievements at work are not inferior to his.

例 104 弟子不必不如师，师不必贤于弟子。

Pupils are not necessarily inferior to their teachers, nor teachers superior to their pupils.

3. 极比句式

汉语中的“极比”（comparison of extremity）指在比较中表示极致，如包含“最”“至”“顶”“极为”“极其”“莫过于”和“没有比……更……”“再……也……”等的句子。

（1）汉语中的极比句通常可用英语中的形容词或副词最高级，如 -est，best，以及 most 或 least+ 形容词及副词等形式来翻译。

例 105 世间最宝贵的莫过于时间，最容易丧失的也莫过于时间。

Of all the things in the world, time is the most precious, and also the most apt to lose.

例 106 最沉的是黄昏，最富有诗意的也是黄昏。

Dusk is most dull, but also most poetic.

例 107 驼峰连接着东方和西方的文化，驼铃是最可靠的信使，传达着最动人的信息。

With the camel hump linking the cultures of the East and the West, the camel bell is the most reliable messenger with the most exciting information.

例 108　生活在奴才中间，做他们的首领，是最大的耻辱，最大的悲哀。

It is the greatest shame and tragedy to live among the flunkeys and be their leader.

例 109　现在的新作家中，写小说的最多，写杂文的几乎就没有。

Most young writers go in for fiction creation，but practically none engage in essay writing.

例 110　他退休后最快慰的事情莫过于不再纠缠于人际关系之中。

Since his retirement，what pleases him most is that he has extricated himself from the entanglement of personal relationships.

（2）汉语中的极比句还可以用 nothing/no/ never+ 比较级，nothing/no/ never...，so... as...，few things are more than 等词语来翻译。

例 111　这本小说最为有趣。

No novel is so interesting as this one.

例 112　尼克松总统在北京说，这是他在国外听到的演奏得最为美妙的美国音乐。

President Nixon said in Beijing that he had never heard American music played better in a foreign land.

例 113　大学毕业以后，最使我开心的事情就是有了写作的自由。

After graduation from university，there has been nothing more agreeable to me than the freedom I enjoyed in writing.

例 114　他声称，他是最适合做这项工作的人。

He claimed that few are better qualified for the job than he is.

例 115　生活中微笑的魔力无与伦比。

Few things in life are more powerful than a smile.

（3）汉语中的极比有时还可以用 can not+ 比较级，或者 can not+too（enough，more，over）的结构来翻译。

例 116　其结果太糟糕了！

The result can not be worse!

例 117　人们极其强调其重要性。

The importance can not be overemphasized.

例 118　家是最温暖的地方。

There won't be a warmer place than home.

例 119　对此事件的意义无论怎样估计都不过分。

The significance of this event can not be overestimated.

（4）汉语中的极比也可以用 as... as any，as...as ever 的句式来表示。

例 120　据说，这里的天气是全国最宜人的。

It is said that the weather here is as agreeable as any in the whole nation.

例 121 他是全国最出色的作家。

He is as brilliant a writer as any one in the nation.

例 122 18 世纪创作的小说中，他的作品算是最幸运地流传了下来。

His novels have as good a chance of surviving as any that have been written in the 18th century.

例 123 那是他一生中遇到的最不愉快的工作。

It was as disagreeable a task as had ever fallen on him.

例 124 她是一个非常出色的姑娘。

She has been as good a girl as ever was.

4. 例比句式

汉语中的“例比”（comparison of proportion）指人或事物在数量或程度上成比例地相应增减，常见的是平行比较或渐进比较，如包含“越……越……”“愈……愈……”“日益”“日渐”等词语的句子，常用 the more... the more...，more...more...，（ever）+ 比较级 +and+ 比较级等来翻译。

例 125 越是困难越要奋发努力。

The more difficulties we encounter，the more spirited we should be.

例 126 在实现现代化的进程中，我们的国家日益富强。

In the process to realize modernization，our country is growing ever richer and stronger.

例 127 30 岁以后结交的朋友，真诚的成分愈少，世故的成分愈多。

Friendship among those aged above 30 becomes less pure and more worldly-wised.

例 128 交通工具越快，旅行的趣味就越少。

The quicker the means of the transport，the less interesting is the journey of a man.

例 129 英雄的声誉越传越远，越久越大。

The hero’s name has spread far and wide and become more and more celebrated with the passing of time.

例 130 他越是为自己辩护，大家就越不相信他。

He was believed less as his defense grew more complicated.

5. 择比句式

汉语里的“择比”（comparison of preference）指在两个或两组人或事物之间进行比较选择，表达“或此或彼”或“非此即彼”等意义，如包含“或者”“或者……或者……”“是……或是……”“不是……就是……”“要么……要么……”“宁可……也不……”“与其……还不如……”等词语的句子。可以用 or，either...or...，rather...than...，better...than...，instead of... 等词语来翻译。

例 131 不进则退。

Either one goes forward or he will be left behind.

例 132 我们宁可这项试验失败，也不愿放弃不做。

We would rather fail with this experiment than give it up.

例 133 谈到翻译，有人主张：与其“信而不顺”，毋宁“顺而不信”。

Someone argues on translation that it is rather intelligible but not faithful than faithful but not intelligible.

例 134 与其陶醉在“梦想成真”的幻觉中，还不如在实践中磨炼自己。

One should instead of indulging in delusions of daydreaming, temper himself in practice.

例 135 我宁愿有疾风暴雨，也不耐这愁雾般的细雨。

I would rather have a violent storm than endure this misty rain.

练习题

翻译下列句子。

1. 他们迫切地想获得消息。
2. 医生说他们不能确定能否挽救他的生命。
3. 恐怕我不能教你游泳，我弟弟比我教得好。
4. 他们讲索取，我们讲奉献。
5. 一个好的领导不满足于仅仅守住已有的成就。
6. 我笔直向前高速飞行，越过港口，飞临海面。

第五章　篇章翻译

第一节　汉英语篇特点对比

一、汉英语篇的基本共同点

自然语言的语篇，无论是英语还是汉语，都具有以下共同点。

（一）语义的连贯性

“完整语义”要求语篇首先应是一个遵守语法的语义单位，要求语篇的语义连贯，具有严密的逻辑关系。依据完善的逻辑结构和论题结构基础组成句子、段落及语篇。语义连贯是语篇必须具备的特征，只有具备这一特征，语篇表达的才是整体意义。语篇中的各个成分应是连贯的，而不是彼此无关的。

例 1　今天你上街去干什么？

我上街去买衣服。

例 2　今天你上街去干什么？

他父亲是个医生。

例 3　Fishing is Mark’s favorite sport. She often waits for her sister for hours. But this is not my watch.

钓鱼是马克最喜欢的运动。她经常等她姐姐好几个小时。但这不是我的手表。

例 4　Fishing is Mark’s favorite sport. He often fishes for hours without catching anything. But this does not worry him.

钓鱼是马克最喜欢的运动。他经常钓上几个小时什么也没钓到，但这并不让他担心。

例 1 中的一问一答从语义上看，是连贯的，因而具有语篇特征。例 2 中的答句非所问，因而不具有语篇特征，不是语篇。例 3 中三个分句虽然语法正确，但它们之间缺乏语义连贯，无法形成表达一定意义的整体，也就无法形成语篇。例 4 中三个句子衔接连贯，构成语篇。

（二）衔接手段

将词汇、语句聚合起来的语法手段统称为衔接，衔接在语篇的表层比较常见。衔接在组句成篇的过程中非常重要，是构成语篇的必要条件，对完整的语篇的调整作用不容小觑。在英汉两种语言中，语义的连贯都要靠种种衔接手段，即语篇组织。胡壮麟全面系统地概括了语篇衔接与连贯的整体框架，并用图（图 5-1）加以概括显示。

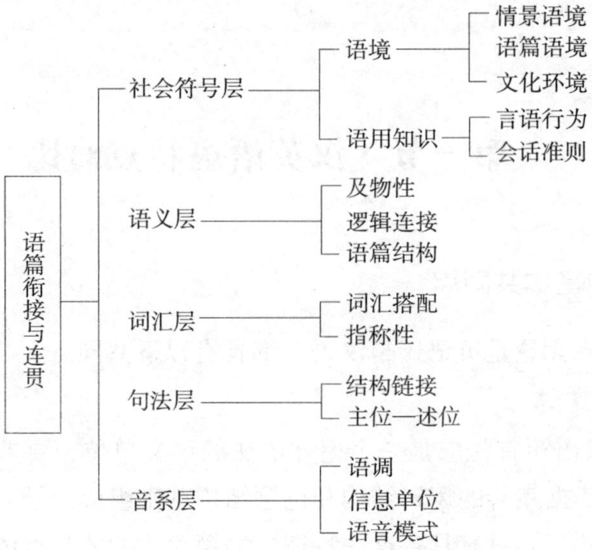

图 5-1 语篇衔接与连贯的整体框架

（三）思维的逻辑性

连贯通顺的文章不但能够表现出作者思维的连贯性，还能表现出作者思维的逻辑严谨性。思维的逻辑性能够保证人的人际沟通，为双语互译提供了基础保证。任何语言符号只有具备了逻辑性才能产生意义，成为具有有效信息的交际语言。因此，表达和理解语言的根本在于人的思维逻辑，有内容有内涵的语篇蕴含着严密的逻辑思维。逻辑普遍存在于世间万物之中，只有人的思维有了逻辑，才能够发现各种客观事物的逻辑，进而通过了解其他民族思维逻辑了解其语言。了解译入语和译出语的思维逻辑是分析、对比和翻译语篇的基础，这样才能了解怎样通过不同的语言形式表达相同的语义，将译入语语篇使用译出语忠实地传达出来。

（四）文体的多样性

自然语言的多样性体现在语言的多个方面，包括语体、风俗、文体等。其中语体多样性表现为正式用语和非正式用语、书面用语和口头用语、区域性和不同区域的用语的区别，文本包含记叙文、小说、散文、论述、诗歌等。文体的丰富多样导致了汉英语言的千差万别，但不同语种的文体分类大致相同，大部分都能够找到对应的译出语。

二、汉英语篇的基本差异

英语语篇和汉语语篇的根本差异有内在差异和外在差异两方面。内在差异表现为思维方面的差异，外在差异表现在语法衔接和语篇的连贯方面。这两个方面的差异各自独立，又影响着彼此。思维上的差距通常是决定汉英语篇差异的主要原因，西方人重视分析，思维具有直线形特征，即先阐述中心思想，随即引出后面各个层面的描述，英语中的

“叠床架屋”的结构是这种思维逻辑的经典表现。而中国人重视综合，思维呈现出螺旋式特征，与西方人的思维有很大差异。

汉英语篇的差异还表现在东西方民族语言构思和组织的方式上。西方民族追求简洁严谨的语言表述形式，因此英语具有形合的特征；而在东方人的行为习惯中，华丽、细腻的修饰语是语言表述的重要部分，内容上注重意合。英语中的形合特征主要表现在句式结构中含有连接词汇等显性衔接成分，将各种句子组成整体的语篇。而汉语中的意合特征不依靠词汇或语法来衔接表达，其句子中的逻辑关系将内涵意义串联，描述出其中的语境，构成了连贯的语篇。因此，英汉互译时，便常见隐显不一的情况。

例 5 When it came out in a newspaper interview that I said Nixon should resign, that he was a crook, oh dear, that fur flew.（Studs Terke, *American Dream*）

在一次记者采访时我说了尼克松应该辞职，他是坏蛋的话。这一谈话在报纸上一披露，啊呀不得了啦，立刻就翻了天。（斯塔兹·特克尔《美国梦》）

东西方民族对于万物与自身关系的认知有很大差距，这也是造成汉英文化差异的一种重要因素。东方人具有主体意识，讲究“万物皆备于我”，对于各种事物都有强烈的参与意识，“人”是语言的主语。而西方人具有客体意识，重视个体思维，重理性的分析而执着于主客体分离和区别，所以，一方面以“人”这个主体为主语，但另一方面更多地持客观审视的态度，以事物为主语，对之进行客观、冷静的剖析和描述，这就造成了英汉语篇主语或重心的差异。

例 6 It has been mentioned that Rebecca, soon after her arrival in Paris, took a very smart and leading position in the society of that capital, and was welcomed at some of the most distinguished houses of the restored French nobility.（W. M. Thackeray, *Vanity Fair*）

我曾经说过，利蓓加一到了法国首都巴黎，便出入上流社会，追逐时髦，出尽风头，连好些光复后的王亲国戚都和她来往。（威廉·梅克比斯·萨克雷《名利场》，杨必 译）

例 7 近年来热情的读者纷纷致函各地方报纸，对北京的城市建设提出种种建议。

In recent years, local newspapers have been sprinkled with passionate letters advising various suggestions on the urban construction of Beijing.

第二节　汉英语篇衔接手段差异

一、汉英语言语法衔接的差异和翻译

语法连接的概念是研究句子的构造，找出影响标示词语结构和关系的因素，参照其中的语法手段将语篇衔接起来，使语篇连贯。这些能够造成影响的因素可能是词语的某种

特定语法，也可能是某些具有语法功能的词语，还可能是某种特殊的词语结构，这种结构不指代任何词语。

英语和汉语各有不同的语法连接形式，其表现出的差异大致有以下两点：

一是英语的语法能够将词汇、句群连接起来，这种连接使句群呈现显性连贯，且需要借助连接词或者句式的形态变化使词汇、短语或者句子之间相互连接，具有语法关系。连接词是一种英语语法连接常见手段，具有种类繁多、数量庞大的特点，可以满足各种情境下的连接，其中常用的有介词、从属连接词、并列连接词、关系词（包括关系副词和关系代词）、冠词等。句式的形态变化分为构词和构型两种，前者影响着句式结构和构词，后者影响着语篇的语法和意义。而汉语的语法与英语不同，汉语主要依靠内容和逻辑关系将词汇、句子、段落衔接起来，这种衔接属于隐性连贯。汉语对句式的结构形式没有严格的规范要求，因此，句式的形态变化不能引起汉语句子意义的变化。汉语注重内涵的连贯，重视意合的隐性连贯，凭借词汇、句子本身的含义达成逻辑顺序的连贯和语篇整体的统一，不依赖语法实现连接关系。

例 1 He boasts that a slave is free the moment his feet touch British soil and he sells the children of the poor at six years of age to work under the lash in the factories, for sixteen hours a day.

他夸口说一个奴隶从他的脚踏上英国土地的那一刻起就是自由的，但他却把穷人家 6 岁大的孩子们卖到工厂在皮鞭下干活，一天要劳作 16 个小时。

名词的单复数：feet，children，years，factories，hours.

谓语动词的时态、数以及语态：boasts，is，touch，sells.

代词：he，his.

冠词：a，the.

介词：of，to，under，in，for.

连接词：that，the moment，and.

一致关系：He-his，He-boasts，he-sells，his feet-touch.

二是虽然在两种不同的语言中，都使用语法手段衔接，以使语篇连贯，但各自的语法手段衔接的具体方式不同。例如，英语的时体形式，在翻译成汉语时要用替代方式。

由于英语语篇和汉语语篇的语法衔接方式有一定差异，译者在进行英汉翻译时，就应该结合实际情况灵活转换各种语法衔接的方法，用最恰当的方式达到最佳的翻译效果。将一种语言中使用的语法衔接的方式翻译成另一种语言时，有很多种方法可以选择，如可以依据语篇的逻辑翻译，也可以使用词汇连接的方法衔接上下文，或者找出语篇中的隐性连贯，将其作为线索厘清结构层次，完成翻译。

下面从以下几个方面来看看英汉语篇在语法衔接具体方式上是如何转换的。

（一）从时体形式上分析

英语的时体是语篇衔接的语法手段。

例 2　They told me that by the end of the year they would have been working together for thirty-five years.

他们告诉我，到（那年）年底，他们在一起工作就有 35 年了。

（二）从替代关系上分析

替代就是使用某些指代词汇代替前文中的某个词汇，原词汇和指代词汇代表相同或相近的语义，二者的指称性质不要求保持一致。替代主要有三种形式：动词替代、名词替代、分句替代。这三种替代在英语中都比较常见，原词汇与指代词汇之间一般相互对应。当无法找出替代词的对应关系或替代关系很难在汉语中表述出来时，译者可以借助其他的手段衔接全文，使译文连贯。

例 3　A：I'll have a cup of black coffee with sugar，please.

B：Give me the same，please.

A：劳驾，我要一杯加糖的清咖啡。

B：请给我也来一杯。（试比较：请给我也来同样的。）

（三）从省略关系上分析

省略就是合理利用词汇空缺来连接上下文的方法。无论是英语还是汉语，若不能将语法结构上的省略忠实地翻译出来，都可以通过重复使用目的语或者找到与之对应的词汇替代解决。但名词性省略在英语和汉语中一般是一致的。

例 4　Take these pills three times a day. And you'd better have some of those，too.

这些药片一天吃三次。还有那些也最好吃一点。

主语省略的现象在汉语中较常见，这种现象也叫零位主语，译者在汉译英过程中需要额外注意这种问题。在汉语中，所有词汇、语句都是围绕主题衍生的，主语在其中并没有占据主要地位。因此汉语中的主语有时虽不存在于段落篇章中，但依旧不影响读者获取其中的各种信息。英语中，主语一般不能省略，在这种情况下，译者在进行汉译英时就需要找出主语填充进去。

二、英汉语言词汇连接的差异和翻译

（一）语义重复

语义重复指运用同义词、近义词、上义词、下义词、概括词等构成词汇链。它包括完全相同的语义词汇的直接重复，具有各种语义关系的词的同现以及具有因果、修饰等组合搭配关系的词的同现。请分析英汉语言语义重复的差异在以下例句中的体现。

例 5　The recovery of organs does not begin until after the heart stops beating and death is certified by a physician not affiliated with the transplant program.

器官的复原，应在心脏停止跳动，死亡已被与器官移植无关的医生证明之后，才能进行。

（二）指称照应

指称照应涉及人物、人称、时间等所有方面，不仅涵盖对照语篇内部所包含的全部语言要素内指，还涵盖了对照语篇外部世界的外指，既有回指又有下指。这对于语篇衔接来说非常重要。指称照应是一种重要的衔接手段，其能够使语篇的上下文形成照应，从而为语篇塑造一个照应性系统，使语篇有机统一，具备完整意义。英语和汉语的指称照应存在一定的差异，这种差异体现在人称指称方面和指示指称方面。就英汉翻译而言，人称指称和指示指称是最具实践和理论价值的语篇现象。

人称照应在有些上下文中是至关重要的，尤其是英译汉。如果理解不正确，译文就会出现错误。

例 6 Proverbs are heirlooms, treasured and passed on from generation to generation. We assume these pithy phrases sum up timeless wisdom. But are the truisms really true? Psychologists have found they're pretty hit-or-miss. Still, they persist. After all, you know what they say: old habits—and old sayings—die hard.

译文 1：

谚语是前人传下来的宝贵财富，它们受人珍视并世代相传。我们认为那些洗练的警句概括了永恒的智慧，不过它们是否全是货真价实、字字珠玑呢？心理学家发现谚语有的说得对，有的就不对。这种情况至今依然未变，说到底，你们知道它们都是古老的习惯，陈旧的论调，一成不变的。

译文 2：

谚语是前人传下来的宝贵财富，它们受人珍视并世代相传。我们认为那些洗练的句子概括了永恒的智慧，不过它们是否全是货真价实、字字珠玑呢？心理学家发现谚语有的说得对，有的就不对。然而，这些道理却仍被广为接受。说到底，还是谚语里那句老话：老习惯难除—老谚语还不是一样。

译文 1 将原文中两个“they”分别译为“这种情况”和“它们”；译文 2 却分别译为“这些道理”和“谚语”。那么，哪种译文理解正确呢？如果站在语篇层次上来理解原文，原文中存在如下的词汇衔接：Proverbs—these pithy-phrases—truisms—they—they—they。而这些词语的所指基本相同：谚语—精练的语句—谚语所表达的道理—这些道理—这些道理—谚语。由此可见，译文 2 的理解才是正确的。

英语的人称指称在汉语语篇中常表现为词汇连接，也就是说常常被还原为名词，明明白白地表达出来。

例 7 The patient shook her head and stretched out her hands towards the baby. The doctor put it in her arms. She kissed it on the forehead.

病人摇了摇头，把手向婴儿伸去。医生将孩子放到她怀里，她吻了吻孩子的前额。

在汉英翻译中，人称指称的理解和表达同样很重要。汉语的人称指称“自己”，包括“我自己”“你自己”“他自己”等，可以单独用来照应衔接语篇，而英语的 myself、yourself、himself 等反身代词则需与相应的人称代词连用，或加上介词，或只用人称代词、物主代词。汉语要用人称衔接的地方，英语常借助主述位关系连贯成篇。此外，汉语由于简略，有时人称关系模糊，而相应的英语则需加上所缺的人称指称，以使指称关系明确。

例 8 宝玉听他没说完，便撑不住笑。因踢他道：“休胡说，看人听见笑话。”（曹雪芹《红楼梦》）

While he was still holding forth, Baoyu could not but burst out laughing. Now he kicked him over and swore, “Shut up, or people will laugh.”（*A Dream of Red Mansions*—Cao Xueqin，杨宪益、戴乃迭 译）

对于指示照应的翻译，也应注意。英语中的指示照应指运用 the、this、that、these、those、here、there 等词语构成的照应关系。一般来说，英语中的这些冠词或指示词和汉语中的“这”“那”“这些”“那些”等指示代词相对应。但很多时候却不能将其译为汉语的指示代词，而应根据具体情况，重复其所指名词或译为其他词语。

例 9 Health is above wealth, for this cannot give so much happiness as that.

健康比财富更重要，因为财富不能像健康那样给人们带来幸福。

定冠词 the 和 here 可做前后指示照应，而汉语则往往没有与之对应的指称。英译汉时，常常省略。

例 10 Mark bought a bicycle. But when he rode it, one of the wheels came off.

马克买了一辆自行车，可他一骑，便脱落了一个轮子。

三、汉英语言逻辑连接的差异和翻译

逻辑连接的差异是语篇内深层次的最普遍的连接，它是保证语篇的必备条件之一。逻辑连接也有显性与隐性之分。显性的逻辑连接指的是根据语法结构产生的语句的形态变化和使用的连接词汇如 and、but、for 等，具有明显的衔接关系；而隐性的逻辑连接指的是语义、语境、逻辑顺序等对语篇具有衔接作用的衔接方式，这些衔接方式存在于文章的内容、内涵中，结构中并无较多的体现因素。汉语和英语的逻辑关系是一致的，但在语言的表述中，逻辑的顺序存在一定的差异。如英语的时空关系在汉译时常改为因果关系，反之亦然。总的说来，由于英汉连接语的差异和逻辑关系显性与隐性的差异，英汉翻译时，译者应选择正确的逻辑连接词或语句，或隐或显，以使译文符合译语的表达习惯。

例 11 Where there is a will, there is a way.（空间关系）

有志者事竟成。（条件推断）

例 12 She is going to spend the summer in Shanghai, where she has some friends.（定语从句）

她打算到上海去过夏天，因为那里她有一些朋友。（因果关系）

例 13 He liked his sister, who was warm and pleasant, but he did not like his brother, who was aloof and arrogant.（并列关系）

他喜欢他那热情可爱的妹妹，不喜欢他那冷漠高傲的哥哥。（隐含）

第三节 汉英语篇连贯机制对比

如果以句子为单位孤立翻译，从单个句子看似乎没有什么问题，但从语篇整体来看，译文却分散零落，语篇逻辑脉络不通顺、不连贯。这是因为将句子孤立出来进行翻译时，往往会忽略整体语篇中的衔接关系，这些衔接关系或明或暗地贯穿于整体语篇中，是保持文章逻辑通顺、有机连贯的关键。译文语篇的连贯性非常重要，因为语篇需要依据一定的逻辑推理关系将语义关联起来，使词汇、句子、段落连贯通顺，具有严谨的逻辑联系。这种内在的逻辑联系不但可以将文章中所有概念有机衔接起来，还可以使文章的时间顺序及空间顺序清晰起来，架构脉络一气呵成，层次结构分明。

在实际语篇的整体脉络结构中，内容及逻辑的衔接与连贯紧密关联，共同构建语篇，同属语篇的重要特征。这两种概念存在一定的差别，衔接是实现词汇、句式以及各种语法关系的重要写作手段，是一种“明显”的连接方式；而连贯针对的是句子、段落中暗含的信息的逻辑顺序，是一种“隐含”的关联方法。语篇的连贯离不开这两种方法，译者在翻译时可以使用连接词或其他连接媒介，将词汇、语句连接起来，实现有标志的连贯，译者还可以将信息内容依据一定顺序和逻辑关系排列整合，实现无标志的连贯。以下我们准备了两个例子，进行对比分析，找出各自语篇的达成连贯的方式。

例 1 Swiveling from languor to ferocity, from sorrow to sarcasm, from command to confusion, Pryce is a Hamlet for our time of cosmic jitter and colliding antitheses.

普赖斯扮演的哈姆雷特，性格不断变化：一会儿心灰意冷，一会儿狂暴凶煞；一会儿满腔愁绪，一会儿愤世嫉俗；一会儿镇定自如，一会儿无所适从。他就是我们这个高度紧张、激烈冲突时代的哈姆雷特。（隐含）

例2 画受墨，墨受笔，笔受腕，腕受心，如天之造生，地之造成。（石涛《画语录》）

In the process of painting, for example, the picture comes from the ink-efftect, which stems from the brushwork, which is manipulated by the wrist, which is controlled by the mind. Thus nature is perceived in artistic activity the way creatures are conceived in nature itself.

语篇经由译者的翻译，最终将会给读者呈现什么样的译文，传达怎样的思想和内容，完全由译者对译入语语篇结构的了解、内容及思想的理解以及自身的语言能力和翻译能力来决定。译者在进行翻译时，首先应对原文有充分的把握，捋清其中的结构层次、线索脉络及逻辑关系等，这样才能找出语篇形式和内涵上的衔接，这为译文的连贯性创造了良好的前提条件。其次当译者能够完全理解原文的连贯结构后，译者应根据译文的逻辑规律和其连贯性，重新构建原文语篇，再进行翻译。

译文连贯不当可表现在词或词组、句子内或句群内。

例 3 That night he sat alone during dinner, careful, he later told us, not to "get in loves way". But he glanced often in our direction, and we knew he was not alone...（Philip Harsham, *Hello*, *Young Lovers*）

译文 1：

那天晚餐时，他一直独自坐着，小心翼翼地，后来他告诉我们，那是为了"不妨碍别人谈情说爱"。可是他不时朝我们这边瞟上一眼，我们知道他并不孤独……

译文 2：

那天晚餐时，他一直独自坐着，尽量"不妨碍别人谈情说爱"（那是他后来告诉我们的）。可是他不时朝我们这边看上一眼，我们知道他并不孤独……（谷启楠 译）

原文中的两句话是靠 but 连接起来的，而且第一句中的 he later told us 明显是一句插入语。翻译时如果处理不当，必然会影响读者对两句之间关系的理解。译文 1 混淆了时间概念，会让读者以为"可是……"一句的动作不是发生在"那天晚餐时"，而是发生在"后来"。译文 2 将原文的插入语放入括号内，加强了两句的联系，也避免了时间概念上的混淆。

语篇中或者句群内的不连贯多发生于两个或多个句子之间，有的是因为使用了不恰当的连接词，造成了呈现于语言表层的不连贯，而有的是因为其中的信息表述排列的顺序混乱，造成了文章逻辑思维的混乱，这属于深层次的问题。

译者在翻译时应忠实原文，保证译文连贯，对原文负责。译者应做好翻译的准备工作，明确原文的结构层次，了解其中使句子、句群、整体文章连贯的外现的各种衔接词汇及内含的各种关联，然后根据原文的结构框架和连贯特征重新构建出连贯的译出语语篇。

例 4 蜜蜂这物件，最爱劳动。广东天气好，花又多，蜜蜂一年四季都不闲着。酿的蜜多，自己吃的可有限。每回割蜜，给它们留一点点糖，够它们吃的就行了。它们从来不争，也不计较什么，还是继续劳动、继续酿蜜，整日整月不辞劳苦……（杨朔《荔枝蜜》）

译文 1：

The bees are industrious while our province has good weather and plenty of flowers. They work the whole year round, and eat only a fraction of the honey they produce. Each time we extract it we leave them a little sugar. They never argue or complain, just go on producing honey day after day.

译文 2：

The bees are industrious. They work the whole year round, since our province has warm weather and plenty of flowers. Though they produce much honey, they eat only a fraction of it. Each time we extract it we leave them a little sugar. They never argue or complain, just go on producing honey day after day.

译文 1 中的 while 和 and 这两个连接词语使用不当，导致它们所连接的两个小句间的逻辑关系不顺畅。很明显，译文 2 将原文中存在的清晰、流畅的连贯结构描述出来了。

语篇中的句群将要呈现的内容层层展开，凭借各种逻辑关系将各种句群步步推进、有机结合。句群与相邻的句群之间也依靠着显性连贯特征或隐性连贯特征互相铺垫或彼此延伸。显性连贯特征就是连接词，隐性的连贯特征就是内涵信息的关联。如果句群之间的逻辑关系连接不当，文章整体就没有完整的逻辑联系，读者就无法顺利阅读。因此，翻译时应重视词汇、句子群间的关联关系。

第四节　语篇布局及翻译转换

一、形式结构转换

形式结构转换指语篇形式上的各个层次发生的变化，这种变化主要是由英汉两种语言的差异引起的。

首先，就英汉两种语言在操作层次即信息单元的各个层次，做一个简略的对比。英语的词比汉语的词具有更多、更明显的形态特征：英语的词组与其在小句中的功能比较一致，是小句的构件，而汉语的词组和小句是一种实现关系，某些类型的词组和小句并无任何形式上的区别；英语的小句是以“NP+VP”为核心的句法结构，而汉语小句从本质上讲是一种“话题 + 评说”格局的语义结构；英语的句子是以小句为构件的形式体系，相比之下，汉语的句子既有以逻辑关联词语为框架结构的，也有以意合手段组合在一起的“流水句”。总之，英汉两种语言的最本质的区别就在于：英语是一种注重主语的语言，其基本形式构架是主语和谓语的一致，因此，对其的分析应强调小句，英语较之汉语有着鲜明的形态，且各个层次泾渭分明；汉语是一种注重话题评论的语言，其主语和谓语不一定具有英语中那种严格的形式关系，由于汉语的形态弱，因此构句主要侧重于语义和逻辑，虽然词、词组、小句几个层次存在大量的同构现象，但并无泾渭分明的层次。

从英汉两种语言在信息单元各个层次上的对比来看，英汉两种语言几乎在每个层次上都存在一些差别，给人很难直接对应的感觉。这就有必要在两种语言的各个层次上进行翻译转换。英语和汉语转换操作的最基本的层次是词组和小句这两个层次。英译汉时英语的词组常常转换为汉语的小句，而汉译英时，也往往是以词组和小句为切分单位的，译者所要决定的是怎样将这些单位以“主语＋谓语”的结构为基准，构建出主次分明的句子。

基于以上这种英汉转换操作层次对应关系的认识，推断出英汉形式结构转换的一般规律。英译汉时，主要是将词、词组和小句转换成汉语的各种词组结构，这些结构再以话题为龙头，以意合手段为主呈线型铺开组成句子。汉译英时，则主要将汉语的各种词组结构进行逻辑分析，以确定英译的主语和谓语、各种并列及修饰成分的从属关系，从而构成层次分明的形式构架。

（一）词、短语与句子的相互转换

在英译汉时，有时根据汉语的表达或逻辑习惯，可以将英语的词、短语转换为汉语的小句或将英语的句子转换为汉语的短语。

例 1 The Chinese seemed justifiably proud of their economic achievements.

中国人似乎为他们在经济上取得的成就而自豪，这是合乎情理的。

例 2 But for your support, he might have been unable to succeed.

如果没有你的支持，他也许无法成功。

汉英两种语言在语句的安排思路上也有所差异。汉语一般按事情发展的时间顺序来排列小句或语言片段，而英语则更注重句子的逻辑性、完整性，在结构上要求比较紧凑，中心突出，结构严谨。因此，汉译英时，常常将汉语的短语或小句片段翻译为英语的名词或名词词组或从句化处理，即将汉语中的前置形容词转换为英语的定语从句。

例 3 他有才能，人品好，办事勤快，显然会步步高升。

By aptitude, personality and work hc would surely be promoted soon.

（二）句与句之间的相互转换

英语中的小句可以分为限定性句子和非限定性句子。限定性句子就是简单句，非限定性句了指的是无动词小句、不定式短语及分词短语。英语中较为常见的句式是并列句和复合句，就是使用句法手段将多个小句衔接整合成的、具有连贯语义的片段。这种句子主从结构清晰，层次分明。在英语中这两种句子在组成上有一定区别，组成并列句的各个并列词或各个限定性句子的地位平等，而复合句是由具有主从关系的主句和从句共同构成，具有清晰的主从结构。

英语中的限定性小句、复合句的分句在汉语中都属于小句的范畴。汉语中的小句可以划分出两大类：一是主谓句，按谓语类型划分包括形容词性、动词性、名词性谓语句；二是非主谓句，即由不包含主谓词组在内的词组组成的小句，这种句子没有主语。汉语句子是由多个上述小句组合成的，分为联合复句和偏正复句，相当于英语的并列句和复合句。汉语复句中关联词语的使用和英语有所区别，也就是汉语复句中有完全不用关联词语的情况。此外，汉语复句可以通过意合手段来联结句子，不求结构上的形式构架，只求语义上的连贯，语义连贯了，结构也就自然成立了。语法学家常将这类句子称为“流水句”。

从前文中对比分析汉英两种语言中句子的结构和特点的结果上来看，翻译时尽量不要受句子的形式局限，应先熟悉原文把握其逻辑，灵活调整逻辑顺序，使用规范的表述方法将原文的内容忠实展现在译文中。如果英语原文中的句子大多是复杂的限定性小句，翻译时就可以将其拆解分开表述；如果原句是具有主从关系的复合句式，翻译时就可以根据其中的逻辑关系将其译为其他种类的复句或并列分句，反之亦然。同时也可以根据英汉语言各自语篇的特点，在主动语态和被动语态之间进行转换，尤其是一些信息性文体，如科技文体、公文文体、新闻文体等。

例 4 It is certain that the scientific method plays a large part in acquiring scientific knowledge.（主语从句）

科学方法在掌握科学知识过程中起着重大的作用，这是可以肯定的。（分译）

例 5 A cat, whose eyes can take in more rays of light than our eyes, can see clearly in the night.（定语从句）

因为猫的眼睛比我们人的眼睛能吸收更多的光线，所以猫在黑夜里能看得更清楚。（原因状语从句）

（三）篇章叙事结构的转换

汉语的叙事语篇和英语的叙事语篇之间存有一定差异，同英语叙事语篇对比，汉语的叙事语篇有三个特点：一是汉语语篇中，很多长句是由词组组成的，句式结构比较松散，依靠其中逻辑和含义相关联；二是能够详细准确地临摹出事件的发展情况和人物的思维变化；三是语篇的逻辑关系隐藏在内容含义之中，具有隐性的特质，没有太多直接表示逻辑关系的词汇或句子。

叙事结构指叙事语篇呈现出的表层结构。叙事语篇的翻译要注意叙事视角的转换。叙事视角主要指用第几人称来叙述的问题。

叙事视角可分为第三人称叙述者和第一人称叙述者。在英汉互译中，第三人称叙述一般不发生变化；第一人称叙述却常常因英汉句型的差异而发生变化。第一人称叙述者又可分为“作为参与者的第一人称叙述者”和“作为目击者的第一人称叙述者”。翻译时，当原文用第一人称叙述时，译文有时可以转换视角。

二、语义转换

语义转换针对的主要是调整、变通语言的表达方式，其中包括主语和话题的调整、时间顺序以及空间顺序的变化。下面主要从这两个方面来探讨语篇中的语义转换。

（一）主语和话题的转换

分析语篇时，根据每一个构成句子的成分在句子中所起的作用和传递的信息，可以依照线性顺序将句子拆分为三部分：主位、述位、连位。主位一般作为句子的主要谈论对象，其中包含的信息一般是已知的；述位中包含对主位的描述，承载着交流、沟通的重心，传达与主位有关的新信息；连位是连接主位和述位的中间媒介，其可以起到信息传递和过渡的作用。在语篇的建构过程中，主位与述位互相配合，形成主位推进的模式。

在研究翻译时运用以上分析语篇的办法，就能够找出汉语和英语中主位在结构中的不同，研究主位的结构、位置是否能够从翻译转换中找到规律。

英语突出主语，而汉语突出话题。英语重形，侧重于其语法结构；汉语重意，侧重于其信息逻辑。在英语中，主语一般情况下处于主位的结构，而汉语中讨论的话题占据语篇的主体地位。

在英汉互译中，小句层次上的翻译常常涉及“主语＋谓语”向“话题＋评论”结构的转换，在句群层次上，同样也存在主语和话题的相互转换。

例 6 There was a heightened awareness of each sunny day, the beauty of flowers, the song of birds. How often do we reflect on the joy of breathing easily, of swallowing without effort and discomfort, of walking without pain, of a complete and peaceful night's sleep?

对每一个晴天丽日，对鸟语花香，我的感触倍加强烈。平日呼吸轻松，吞食自如，走路毫不费劲，一夜安寝到天明，我们几曾回味过其中的乐趣？

（二）时空顺序的变化

对于汉语或者英语语篇的构造而言，搭建时间框架和空间框架非常重要，这为作者行文提供了重要的参考依据。而在汉语中，对现实世界的描述和临摹对时空框架的依赖程度要高于英语，因此，译者在进行汉英翻译时应注意这一点。

现实世界中的事件和动作总是按时间或逻辑顺序发生的，但反映在语篇中，不同的语言，可能其表达方式就会不一样。例如，将汉语中“我吃了午饭就去给你买药。”一句翻译为“I will eat lunch and go to buy some medicine for you.”，英语译文就显得生硬、不地道。得体的翻译应该是“I will go to buy some medicine for you after lunch.”。

语篇发展的另一个重要方法是空间顺序和部位的不同安排。不同的语言对空间顺序的编码也不尽相同。

例 7 Never did the sun go down with a brighter glory on the quiet corner in Soho, than one memorable evening when the Doctor and his daughter sat under the plane-tree together. Never did the moon rise with a milder radiance over great London, than on that night when it found them still seated under the tree, and shone up on their faces through its leaves.（Charles Dickens, *A Tale of Two Cities*）

落下的太阳从来不曾更辉煌地照过苏合这幽静的角落，比起这可纪念的下午，当医生和他的女儿同坐在梧桐树下的时候。升起的月亮从来就不曾更柔和地照过大伦敦市，比起这一夜，当它发现他们还坐在那树下，从叶缝里照亮他们的面容的时候。（查尔斯·狄更斯《双城记》，罗山川 译）

练习题

翻译下列短文。

生命的三分之一（节选）

一个人的生命究竟有多大的意义，这有什么标准可以衡量吗？提出一个绝对的标准当然很困难；但是，大体上看一个人对待生命的态度是否严肃认真，看他对待劳动、工作等的态度如何，也就不难对这个人的存在意义做出适当的估计了。

古来一切有成就的人，都很严肃地对待自己的生命，当他活着一天，总要尽量多劳动、多工作、多学习，不肯虚度年华，不让时间白白浪费掉。我国历代的劳动人民以及大政治家、大思想家等都莫不如此。

班固写的《汉书·食货志》上有下面的记载“冬，民既入；妇人同巷，相从夜绩，女工一月得四十五日。”这几句读起来很奇怪，怎么一月能有四十五天呢？再看原文底下颜师古做了注解，他说“一月之中，又得夜半为十五日，共四十五日”。

第六章　文化负载

第一节　习语汉英翻译

一、汉英成语的比较与英译形象处理

（一）成语的定义

成语是“人们长期以来习用的、简洁精辟的定型词组或短句。汉语里的成语大多由四个字组成，一般都有出处”（《汉英双语·现代汉语词典》）。汉语中的成语均来自古代经典或名著、历史故事或经过人们的口头流传下来，意思精辟，语言精当。成语的结构具有凝固性，一般不能随意改动词序，不能随意增减成语中的成分。

汉语里的成语以四字格为主，如“狼吞虎咽”；也有不是四字格的成语，如“三个臭皮匠，赛过诸葛亮”。与汉语中的“成语”相对应的英语词语为 idioms，但英语中 idioms 的意义比汉语中“成语”一词的意义宽泛。英语中的 idioms 强调的是“语言的特殊用法，也就是强调习语性”，而汉语的成语则“比较强调言简意赅，强调出处和定型”。

（二）汉英成语的比较

汉语成语是从民族语言中凝练而来的，是中华民族长期积淀、总结、凝聚的结晶，是多种修辞手法的集中表现，是中华民族传统文化的精华。汉语中的一部分成语总能够在英语中找到与之对应的部分，且无论内容、含义、语言表达方式还是语体形象上都表现出了令人意想不到的相似之处。由于英汉民族历史发展、地域环境、宗教信仰、生活习俗等方面都存在差异，所以两种语言中的成语在语言经历了长期的发展演变后，逐渐形成了各自独特的风格特征。但总的来讲，无论汉语成语还是英语成语，都有非常丰富的比喻，能够将内在形象生动地传达出来，有鲜明的对偶特征。

1. 比喻丰富

汉、英成语在比喻的运用上有以下几种情况：

（1）喻义相同，结构相同。

由于人类生活的世界，人类的思维和情感有共通之处，因此，各种语言也表现出一定的相融性和共同点。汉语和英语中的成语有些在语言形式和比喻形象等方面十分相似，甚至可以一一对译。

例 1　了如指掌

to know something like the palm or back of one’s hand

（2）喻义相同，修辞方式相同。

示例如下：

例 2 轻如鸿毛

as light as a feather

（3）汉、英喻体不同。

示例如下：

例 3 血流如注

to bleed like a pig

（4）汉语是明喻，英语是暗喻或直接表述。

示例如下：

例 4 暴跳如雷

to fly into a rage/ to hit the ceiling

2. 形象生动

（1）汉语形象含蓄，英语形象具体。

示例如下：

例 5 暗箭伤人

to hit someone below the belt/ stab someone in the back

（2）汉语形象具体，英语形象含蓄。

示例如下：

例 6 从生到死

from the cradle to the grave

3. 对偶鲜明

大多数的汉语成语采用了对偶的修辞方式，对偶要求内容、结构对仗工整，节奏感强，对成语有非常重要的修辞作用，对偶修饰的成语读起来音调铿锵有力，朗朗上口，和谐入耳。英语中也有很多成语采用了对偶的修辞方式，这些成语包含一定的格式和词数，在词尾常用音节或辅音押韵。不过英语中成语的对偶程度远不及汉语中成语的对偶程度。

对于汉语成语来说，其对偶大致能分成两种：顺对和逆对。顺对指的是成语中有对偶关系的词组具有相同或相近的含义，顺对也叫工对；而逆对指的是互为对偶的词组含义相反，因此也叫反对，汉语成语中对偶的这两种特点都比较显著，而英语成语中需要将其拆解分析，才能找出其中的对偶关系。

（1）顺对（工对）。

示例如下：

例 7 倒行逆施

to put back the clock/ to ride rough-shod

（2）逆对（反对）。

示例如下：

例 8　声东击西

to shoot at a pigeon and kill a crow

（3）比喻的喻体不同但喻义相似。

示例如下：

例 9　大海捞针

to look for a needle in a haystack

（4）比喻的喻体不同但喻义一致。

示例如下：

例 10　瓮中之鳖

like a rat in a hole

（5）比喻的喻体一致且喻义一致。

示例如下：

例 11　捅马蜂窝

to rouse up a hornets' nest

（三）汉语成语英译的形象处理

在成语的翻译过程中，成语喻义的传达固然很重要，然而形象的处理也是不容忽视的。“形象处理是否得当，直接影响成语翻译的成功与否”。由于民族文化背景的不同，汉英成语都有各自鲜明的民族特征，在翻译汉语成语的过程中应该力求做到传神达意、形义兼备。一般来说，人们通常采用以下方法来处理汉语成语的形象：

1. 保留形象

汉语和英语中有少数成语，不仅在喻义上对等，而且在形象上也相似，翻译时，可以用英语中的形象再现汉语中的形象。

例 12　吴用道：“休得再提。常言道：‘隔墙须有耳，窗外岂无人。’只你知我知。”（施耐庵《水浒传》第十六回）

“You must not mention it,” said Wu Yung. “There is a saying, ‘Walls have ears, and outside the window is there not a man?’ This plan must be kept between you and me only.”（*Water Margins* Chapter 16—Shi Naian, Jackson 译）

2. 移植形象

汉语中成语的形象，在英语中没有现成的对应形象，如果英语读者能够理解和接受，则可以将汉语的成语形象移植到英语中去。

例 13　风浪是意料中事：所谓“道高一尺，魔高一丈！”他，吴荪甫以及他的同志孙吉人他们，都是企业界身经百战的宿将，难道就怕了什么？（茅盾《子夜》十）

Heavy seas were only to be expected: “While the priest climbs a foot, the devil climbs ten!” was the way it went, but he and his partners were battle scarred veterans, so what had he to fear? (*Midnight*—Mao Dun, Yeh Chien-yu 译)

3. 转换形象

当翻译汉语成语时，很难用英语将汉语成语中包含的形象重现出来，这时，可以找符合译出语表达习惯的、英语读者认同的某种译出语文化中的形象代替，这就是转换形象。转换形象可以使译出语读者与译入语读者产生相近的语义联想，达成比较一致的表达效果。

例 14 这位小姐，德行温良，才貌出众。鲁老先生和夫人，因无子息，爱如掌上之珠。(吴敬梓《儒林外史》第十回)

I know the young lady, and she is virtuous, gentle and beautiful. Because Mr. and Mrs. Lu have no son, this girl is the apple of their eye. (*The Scholars* Chapter 10—Wu Jingzi, 杨宪益、戴乃迭 译)

4. 舍弃形象

某些成语的形象既无法在英语中再现，也无法移植或转换到英语中，翻译时就要舍弃汉语成语中的形象，并且在正确理解汉语成语的基础上，用简洁生动的语言译出汉语成语的含义。

例 15 这也难怪，自幼被长公主当做掌上明珠，不让她受一点委屈，久而久之，也就养成了这种性格。(徐飞《凤求凰》第七章)

This was hardly surprising, as she had been adored by her mother, who had always let her have her own way. (*Courtship* Chapter 7—Xu Fei, Paul White 译)

5. 舍弃原形象，增添新形象

包惠南、包昂认为：由于东西方文化和语言的差异，出于表达的需要或便于译语读者的理解和接受，某些成语可套用译语中现有的成语。在套用译语中现有成语时，必须尽量避免使用具有较强民族特色的形象，否则会影响译语读者的理解和欣赏效果。①

例 16 俗语说："千里搭长棚，没有不散的筵席。"再过三二年，咱们都是要离开这里的。(曹雪芹《红楼梦》第七十二回)

"Even the longest feast must break up at last," says the proverb. In two or three years we shall all be leaving this place. (*A Dream of Red Mansions* Chapter 72—Cao Xueqin, 杨宪益、戴乃迭 译)

二、汉语歇后语的英译处理

汉语歇后语 (enigmatic folk similes) 是"由两部分组成的一句话，前部分像谜面，后一部分像谜底，通常只说前一部分，而本意在后一部分。如"外甥打灯笼—照旧(舅)"。即歇后语的前一部分为比喻，通常运用生动形象的语言构成喻体，后一部分则用

① 包惠南，包昂．汉语称谓语的语用功能与英译[J]. 常熟高专学报，2003 (3)：91-94.

作说明或解释，揭示前一部分中比喻所体现的实质意义，即喻义，或喻体。在运用歇后语时，比喻部分必须说出来，而说明部分既可以出现，也可以不出现。一般来说，如果大家熟悉而且意义确定的歇后语，便可以把说明部分省略，如“外甥打灯笼—照旧（舅）”就可以只讲“外甥打灯笼—”。

形象、幽默是歇后语的最大特点，歇后语还具有丰富的民族文化内涵。歇后语不仅有独特的结构，还有浓重的民族色彩风格特点。在翻译时，译者不仅需要跨越文化隔阂，还要面对语言障碍。为解决这两大难题，译者在进行汉译英的翻译活动时通常会采用以下四种方法：

（一）保留喻体形象，进行直译

翻译示例如下：

例 17 那胡正卿心头“十五个吊桶打水，七上八下”。（施耐庵《水浒传》第二十六回）

Hu Cheng-ching was very much upset by this, and his heart was beating like fifteen buckets being hurriedly lowered into a well for water—eight going down while seven were coming up.（*Water Margins* Chapter 26—Shi Naian，Jackson 译）

（二）保留喻体形象，进行删译

上文例证所用的歇后语都蕴含深刻的喻义，这种歇后语前半部分用来比喻，后半部分用来说明，二者之间存在一定的逻辑联系，这种情况可以采用直译将歇后语的内容传达出来，同时还能保留其原本的形象。还有一部分歇后语其本身就能够明显表现出其中的喻义，读者能够直接从歇后语的上下义或喻体的形象联想推断出其中的喻义，那么译者就不需要专门为这种歇后语的后半部分作特别翻译了，只翻译其中的比喻部分就可以。

例 18 我在店里呢，是灯草拄杖，做不得主的。（周而复《上海的早晨》第四十八章）

I'm afraid you'll find me a broken reed，since my position in the company doesn't permit me to make such a position individually.（*Morning in Shanghai* Chapter 48—Zhou Erfu，A. C. Barnes 译）

注：“灯草”是用作灯芯的草，用它作拐杖是夸大的说法。这个歇后语原是“灯草当拐杖—拄不得”，“拄”和“主”谐音，便成了“做不得主”的意思。在英语中有个出自《旧约·以赛亚书》第三十六章的成语“broken reed”（意思是“压伤的苇杖”，指不能依靠的人或物）。因此，借用该习语来翻译“灯草拐杖”可以说是兼顾了形象，也能较准确地传达该歇后语的意思。

（三）借用英语成语，改变喻体形象意译

翻译示例如下：

例 19 “你可倒好！肉包子打狗，一去不回头啊！”她的嗓门很高，和平日在车厂与

车夫们吵嘴时一样。(老舍《骆驼祥子》)

"Well you certainly are guy! A dog given a bone who doesn't come back for more!" Her voice was as loud as when she bawled out the rickshaw men in the yard. (*Camel Xiangzi*—Lao She，施晓菁 译)

(四)舍弃形象，进行意译

大多歇后语由中华民族深厚的传统文化淬炼而成，带有厚重的中华民俗色彩，其喻体部分有的源自中华文明特有的传统风俗，有的源自中国独特的宗教用语，有的包含各种人名地名，有的涵盖各种历史典故。如果采用直译的手段翻译，这些喻体在行文中会被翻译成很长的篇幅，给人十分臃肿累赘之感，不了解中国文化的译出语读者很难理解。在这种情况下，适当采用意译的翻译方法反而会更加有效，译文地道，贴近译出语行文习惯，言简意赅地将其内容表达出来。

例20 生活的海里起过小小的波浪，如今似乎又平静下去，一切跟平常一样，一切似乎都是外甥打灯笼，照旧(舅)。(周立波《暴风骤雨》第十三章)

The even tenor of their life had been disturbed, but things seemed to be settling down again. The villagers felt themselves back in the old rut. (*The Hurricane* Chapter 13—Zhou Libo，HsuMengh-siung 译)

(五)照字面直译加解释

在翻译歇后语时，有时翻译者试图译出形象，结果虽然照顾到了说明部分的字面意译，却难以传达歇后语说明部分所要阐明的内在含义，有时为便于英译读者理解与接受，不得不再增加一句话以作说明。

例21 "……回来你一个人怎么着？这白洋淀可容易失迷呢。"

"看你，隔着门缝瞧人，把人看扁啦。"(袁静《新英雄儿女传》第十三回)

"Chow would you find your way back alone? It's easy to get lost on Paiyang Lake!"

"Humph! If you peer at a person through a crack, he looks flat! Don't be so prejudiced." (*New Generation Young Hero and Heroine* Chapter 13—Yuan Jing，Sidney Shapiro 译)

三、汉英谚语的比较与翻译

汉语谚语是指"在群众中间流传的固定句，用简单通俗的话反映出深刻的道理"。如"三个臭皮匠，赛过诸葛亮""三百六十行，行行出状元"(《汉英双语·现代汉语词典》)。谚语不同于成语(主要指四字词组)，马国凡认为谚语同成语的主要区别在于：

第一，谚语口语性强，而成语书面语性强。

第二，成语比谚语的结构更定型化。

第三，成语在语言的运用中相当于词，而谚语多数可以独立成句，或独立于句外。

第四，成语多表示一般概念，谚语多表示判断和推理。

谚语形象、鲜明、生动，喻义意味深长，富有思想性、艺术性和大众性。有些谚语已成为至理名言，流传千古。如“三百六十行，行行出状元”。

（一）汉英谚语的比较

谚语的最大特点是表达人民群众在日常生活生产中以及其他各种社会活动中所积累的丰富经验，它们闪耀着人民智慧的火花。包惠南、包昂认为，汉英两个民族虽在历史发展、地理环境、风土人情和宗教信仰等方面有着明显差异，但汉英谚语却具有惊人的相似特征。①

1. 语言特点

（1）用词通俗，修辞生动，言简意赅。

谚语是语义相对完整的固定句子，在语言形式上，有韵律，用词通俗，修辞生动，言简意赅。

例 22 世上无难事，只怕有心人。

Where there is a will, there is a way.

（2）内容寓意深刻。

示例如下：

例 23 一年之计在于春，一日之计在于晨。

Make your plans for the year in spring, and those for day in the early morning.

（3）语音铿锵，朗朗上口，音调和谐，节奏鲜明。

谚语之所以能够源远流长，古今习用，除了有其深刻的内容外，还有其优美的形式。在语音上，谚语往往语音铿锵，朗朗上口，音调和谐、节奏鲜明。

例 24 小洞不补，大洞吃苦。

A stitch in time, saves nine.

2. 内容特点

谚语是人们生活经验的总结，是人类智慧的结晶，包含着特定的文化色彩。

例 25 江山易改，本性难移。

The wolf changes his coat, but not his dispositions.

3. 语用特点

谚语具有启迪人生、修正人们的行为、传授生活经验、进行道德教育等语用功能。

例 26 人要脸，树要皮。

Face is as important to man as the bark is to the tree.

4. 谚语的来源

谚语的来源多种多样，有的来自民间口语，有的来自文学作品。

① 包惠南，包昂．汉语称谓语的语用功能与英译[J]．常熟高专学报，2003（3）：91-94.

（1）民间口语。

人民群众是语言的创造者和使用者，也是谚语的创造者和使用者。人民群众所创造出来的谚语跟他们的日常生活环境密切相关，这可以从以下几方面得到充分反映：

①人们的生活经验。

示例如下：

例 27 人多好办事。

Many hands make light work.

②农谚（关于农业生产和气象的谚语）。

示例如下：

例 28 早霞不出门，晚霞千里行。

A rainbow in the morning is the shepherd's warning.

③惜时。

示例如下：

例 29 一寸光阴一寸金。

Time is gold。

④家庭观念。

示例如下：

例 30 在家千日好，出门一朝难。

East or west，home is the best.

（2）文学作品。

示例如下：

例 31 人无远虑，必有近忧。（《论语》）

He lives unsafely that looks too near on things.（*Confucian Analects*）

（3）寓言。

示例如下：

例 32 一只燕子不成其为夏天。（《伊索寓言》）

One swallow does not make a summer.（*Aesop' s Fables*）

（4）宗教。

示例如下：

例 33 救人一命，胜造七级浮屠。（佛教）

Better save one life than build a seven storied pagoda.（Buddhism）

（二）汉英谚语的文化含义

客观世界存在各种规律，这些规律全世界通用，这些规律带给全世界的人对客观世界很多相同或相似的认知，形成了思维的共性。虽然历史、环境、政治等因素影响着各民族形成自己的文化特色，导致不同民族之间的文化有所差异，但由于各民族人民思维的共性，不同民族之间也存在很多相同和相近的文化。

1. 宗教思想

翻译示例如下：

例 34 不看僧面看佛面。（人与神的关系）

If you don't look at the face of the priests, look at the face of Buddha.

2. 人文思想

凡是关心人的问题，注重人性本身发扬光大的学说都属于所谓人文主义。人文主义者认为人是宇宙的核心，是自己命运的主人。

例 35 宁可人负我，不可我负人。（先人后己、善待别人）

Better suffer ill than do ill.

3. 道德观念

道德在中国一直是很重要的，讲究道德的训律很多。

例 36 少壮不努力，老大徒伤悲。（歌颂勤劳）

An idle youth, a needy age.

（三）汉语谚语的英译

对于谚语的翻译，人们通常采用以下方法：

1. 再现汉语谚语中的形象直译

在英译汉语谚语时，只要不影响英语读者的理解和接受，则应尽可能再现汉语谚语中的形象，采用直译方法。

例 37 ……先来设身处地地想一想，那么，大概就会知道阮玲玉的以为"人言可畏"，是真的。

So if...we put ourselves in her place, we can see that Ruan Lingyu was telling the truth when she said "Gossip is a fearful thing".

中国人很在乎面子问题，很怕不利于自己的流言蜚语。"人言可畏"就反映了中国人害怕流言蜚语的心态。翻译时，直译能够表现出源语的道德观念。

2. 转换汉语谚语中的形象套译

翻译示例如下：

例 38 有急等用钱的，有愿意借出去的，周瑜打黄盖，愿打愿挨！（老舍《骆驼祥子》）

Some people needed money, and others were willing to lend it to them.The punishment is skillfully given by one side, and gladly accepted by the other. (*Camel Xiangzi*—Lao She, 施晓菁 译)

3. 舍弃汉语谚语中的形象意译

翻译示例如下：

例 39 但真所谓“塞翁失马安知非福”罢，阿 Q 不幸而赢了一回，他倒几乎失败了。（鲁迅《阿 Q 正传》）

However, the truth of the proverb “Misfortune may prove a blessing in disguise” was shown when Ah Q was unfortunate enough to win and almost suffered defeat in the end.（*The True Story of Ah Q*—Lu Xun，杨宪益、戴乃迭 译）

（四）汉英俚语的比较与翻译

俚语是指粗俗的或通行面极窄的方言词，如北京话里的“撒丫子”（放开脚步跑）、“开瓢儿”（打破头）。对于俚语的翻译，我们首先要理解并吃透其准确的含义，然后根据上下文，翻译出其内涵意义。

例 40 贾母因道：“可是我背晦了。”（曹雪芹《红楼梦》第八十四回）

“Yes，that was stupid of me，” she conceded.（*A Dream of Red Mansions* Chapter 84—Cao Xueqin，杨宪益、戴乃迭 译）

“背晦”在北方方言中指的是老年人犯糊涂。

第二节　典故汉英翻译

一、汉英典故的比较与文化内涵

（一）典故的定义

汉语中成语诞生于肥沃优厚的中华民族传统文化的土壤之中，发展历史悠久。很多历史事件、传说故事等凝聚成了成语，这类成语也叫作典故成语，也就是典故。《汉英双语·现代汉语词典》将典故定义为“诗文里引用的古书中的故事或词句”。典故包含了人们探索世界、认识世界的过程，典故的形成与历史的发展和民族文化的形成密切相关，是内容丰富、具有鲜明民族色彩的一种传统的语言形式。典故是不同民族、不同文化、不同时代背景下所呈现的思想、精神、道德、社会价值等的体现。从本质上讲，典故的产生和典故的使用都是隐喻式的。

（二）典故的结构形式

汉语中的典故在语言形式上用词简练、结构紧凑，大多为词组性短语，少数为对偶性短句。典故演变为成语时，多采用四字结构，偶尔也有两字或三字组成的情况，字数较多或单独成句的情况比较少见，比如，像“说曹操，曹操到”“不到长城非好汉”等则相对来说不多见。再者，绝大多数典故为名词性词组，它们在句子中往往充当一定的句子成分。

相比之下，英语中的典故结构就比较灵活，字数有长有短，短的只有一个单词，如 Eden（伊甸园）、Watergate（水门事件），长得可以由几个单词甚至十几个单词组成句子，如 One boy is a boy，two boys half a boy，three boys no boy。英语中的典故常可独立成句，尤其是莎士比亚作品中许多源自《圣经》的典故以及某些谚语典故往往都是独立成句的。

二、汉语典故的翻译方法

（一）保留形象直译

翻译示例如下：

例 1 中国人有一句老话："不入虎穴，焉得虎子。"这句话对于人们的实践是真理，对于认识论也是真理。（毛泽东《实践论》）

There an old Chinese saying，"How can you catch tiger cubs without entering the tiger's lair?" This saying holds true for man's practice and it also holds true for the theory of knowledge.（*On Practice*—Mao Zedong）

英语中"No pains，no gains"或"Nothing ventured，nothing gained."从意义上讲，与出自《后汉书·班固传》的汉语典故成语"不入虎穴，焉得虎子"没有多大区别，但如果用这两句英语谚语翻译这句中国古话，则完全失去了原文的形象和民族特色。直译成"How can you catch tiger cubs without entering the tiger's lair?"不仅形象生动，而且也容易被译语读者理解。

（二）保留形象释义

翻译示例如下：

例 2 蛮夷小丑，如何瓜分得中国了，劝你不必"杞人忧天"，天不会垮的。（李六如《六十年的变迁》第二章）

How in the world could those despicable foreign barbarians "partition" a country like ours? ...The sky will not fall apart，mind! It is not ncccssary to worry about that!（*Changes in the Past 60 Years* Chapter 2—Li Liuru）

（三）保留形象加注

翻译示例如下：

例 3 如今便赶着躲了，料也躲不及，少不得要使个"金蝉脱壳"的法子。（曹雪芹《红楼梦》第二十七回）

Well，it's too late to hide now. I must try to avoid suspicion by throwing them off the scent.（*A Dream of Red Mansions* Chapter 27—Cao Xueqin，杨宪益、戴乃迭 译）

杨译文简洁、晓畅，但却不那么含蓄生动。试比较霍克斯（David Hawkes）的译文："There isn't time to hide. I shall have to do as the cicada does when he jumps out of his skin : give them something to put them off the scent."霍译文把"金蝉脱壳"的形象和这个

成语的深刻含义巧妙地结合起来，读起来感觉清新活泼，耐人寻味。

（四）舍弃形象意译

翻译示例如下：

例 4 后又附助着薛蟠图些银钱酒肉，一任薛蟠横行霸道，他不但不去管约，反“助纣为虐”讨好儿。（曹雪芹《红楼梦》第九回）

In return for money, drinks, he had lately given Xue Pan a free hand in his nefarious activities—had, indeed, not only refrained from interfering with him, but even “aided the tyrant in his tyranny”.（*A Dream of Red Mansions* Chapter 9—Cao Xueqin, David Hawkes 译）

“助纣为虐”，又作“助桀为虐”，桀和纣，相传都是暴君，后来用于泛指暴君和恶人，“助纣为虐”也就成了“帮助坏人做坏事”的代用语。该典故习语的典故性现已基本上隐退，所以意译也能准确地译出原成语的意义，形式也像成语。

第三节　委婉语、禁忌语汉英翻译

一、汉语中的委婉语

（一）关于汉语中的委婉语

委婉语是一种常见的表达方式，渗透在人们的日常生活之中。当人们处于某种交际场合时，为避免话语直白引起误会、冲突，或者造成其他不好的影响，人们通常会采用迂回的表达形式，隐晦含蓄地传达信息，这时，委婉语就发挥出了非常大的交际优势。

在中国古代，由于人们对自然认识的不足，常常把一些自然现象和一些自然事物看作神圣不可侵犯的力量，由此而产生了许许多多的禁忌现象。这些禁忌现象包括神灵禁忌、生活禁忌、隐私禁忌、政治禁忌、名讳禁忌，还有服饰禁忌、色彩禁忌、饮食禁忌、语言禁忌等。

这种种禁忌现象不仅深刻地影响着人们的行为，也影响着人们所使用的语言。语言中所使用的大量禁忌语和委婉语便折射出了这种禁忌现象。人的生老病死本属于一种自然现象，属于一种自然规律，但在古代社会，由于人们对自然认识不足，认为人的命运为一种神秘的力量所主宰，因此，如果人们直接说“生老病死”这样的词语，就会冒犯神灵。由于种种复杂的社会心理能深刻影响人们所使用的语言，因此在原始宗教观念的影响下，中西方人都把语言看作一种具有灵气的东西，在各国语言中都有很多关于生老病死的委婉语。汉语和英语也不例外，比如，说某某人“怀孕”了，汉语中的委婉语有：“有了”“身子不方便”“有喜了”“怀上了”“大肚子”“身怀六甲”等，而英语中也不计其数，如除形容词“pregnant”可表示“怀孕”。

（二）禁忌委婉语的形成方式

汉语里委婉语替代的形式有以下几种。

1. 反义替代

中国人一般有避祸求福、避凶就吉的观念，在日常生活中，一般忌讳言语中出现与凶祸有关的词语，而往往要图吉利、讨口彩，因此人们常常用与所禁忌、避讳的词语意义相反的词语替代。例如：现代许多地方称“猪舌”为“口条、猪招财、猪利、招商赚”等，其原因是“舌”同“折、蚀”同音。

人们忌讳说“死”以及与“死”有关的事物。因而，人们常常利用“反义正用”的方法把禁忌语变成委婉语，也就是说，用相反的意思命名，以求得逢凶化吉。如把棺材叫作“长寿板、长生板”“寿木”“寿材”“长生木”；把死者穿的衣服叫作“寿衣”；医院停放尸首的地方叫作“太平间”。

例 1 今天气炎热，实不得相待，遂自行主持，命天文生择了日期入殓。寿木已系早年备下寄存在此庙的，甚是便宜。（曹雪芹《红楼梦》第六十三回）

As the weather was too hot for the funeral to be delayed she decided to get choose a day for it. As the coffin had been prepared many years ago，and kept ever since in the temple，the funeral was easily managed.（*A Dream of Red Mansions* Chapter 63—Cao Xueqin，杨宪益、戴乃迭 译）

2. 转义替代

人们对所避讳的字眼，采用同义、近义或相关意义而不同音的词语替代，如将“秃顶”称为“谢顶”；将“失火”称为“走水”等。

例 2 丫鬟回说：“南院马棚里走了水，不相干，已经救下去了。”（曹雪芹《红楼梦》第三十九回）

A maid explained that a fire had broken out in the stables in the south court，but here was no danger as it was now under control.（*A Dream of Red Mansions* Chapter 39—Cao Xueqin，杨宪益、戴乃迭 译）

3. 形象替代

对所避讳的词语采用相关联的而无须避讳的形象描述来替代。例如：中国人重义轻利，认为“钱”是俗气的东西，因此，人们忌讳直接说钱，而采用形象上的描述，出现不少“钱”的委婉语。如阿堵物、孔方兄等。

4. 书变替代

所谓书变替代指的是利用汉字独特的形态，对所避讳的字眼作不同形式的改变，以适应人们避凶图吉的心理。例如，在歇后语中，人们通常把禁忌的词语隐去，而采用暗含词义的比较委婉的说法替代。如考试落榜时人们会说“名落孙山”，称“小偷”为“梁上君子”“三只手”；用“桃色新闻”指代“不正当的男女关系”。又如，在某些场合，某些词语不便说出，但一时又找不到合适的词语表达，人们干脆会用“那个”来替代如“她的嘴巴实在太那个了。”这里的“那个”是指“臭、损、坏”等含义。

二、委婉语的语用功能

（一）回避忌讳

说话时遇到犯忌触讳的事物，人们不愿或不忍或不便直接说出该事物，改用别的话或旁的话来代替，以免引起他人的不快。

例3 俗语说：“老健春寒秋后热”，倘或老太太一时有个好歹，那时虽也完事，只怕耽误了时光，还不得趁心如意呢。（曹雪芹《红楼梦第五十七回）

The proverb says, “The healthiest old people last as long as a chilly spring or a hot autumn.” If anything should happen to the old lady your marriage might be delayed, or else not turn out in the way you hoped.（*A Dream of Red Mansions* Chapter 57—Cao Xueqin，杨宪益、戴乃迭 译）

（二）避免粗俗

翻译示例如下：

例4 凤姐儿未等王夫人开口，先说道：“老太太昨日还说要来着呢，因为晚上看见宝兄弟他们吃桃儿，老人家又嘴馋，吃了有大半个，五更天的时候就一连起来了两次，今日早晨略觉身子倦些。”（曹雪芹《红楼梦》第十一回）

“Up to yesterday she meant to come,” explained Xifeng before Lady Wang could get a word in. “But yesterday evening she saw Baoyu eating some peaches and she couldn’t resist eating nearly a whole peach. She had to get up twice just before dawn, which left her tired out this morning.”（*A Dream of Red Mansions* Chapter 11—Cao Xueqin，杨宪益、戴乃迭 译）

原文中，宁国府为贾敬的寿辰设宴，邀请贾母，但贾母未来。贾珍、尤氏不知情由，并婉转探问，说：“谁知老祖宗又不肯赏脸。”凤姐儿从中解释，若是笼统地说几句话，显得敷衍，言不由衷；若是以实情相告涉及贾母的泻肚问题，这对于谈话双方而言，显得不雅。因此王熙凤用“起来”代替“泻肚”，既道出了实情，又避免了粗俗、令人感到不雅的话头。译文中直接用 get up 翻译“起来”，代替“起来上厕所”的说法。

（三）缓和语气

翻译示例如下：

例5 孔乙己一到店，所有喝酒的人便都看着他笑，有的叫道：“孔乙己，你脸上又添新伤疤了！”（鲁迅《孔乙己》）

Whenever he came in, everyone there would look at him and chuckle. And one was sure to call out: “Kong Yiji! What are those fresh scars on your face?”（*Kung I-CHI*—Lu Xun，杨宪益、戴乃迭 译）

"你脸上又添新伤疤了"的实义是"你又挨打了"。但说话的人不直接这样说，却说"你脸上又添新伤疤了"，是为了缓和语气，避免过分的刺激，同时又具有讽刺的意味。

三、委婉语的语义特征与翻译

（一）委婉语的语义特征

委婉用语与人所处的情境和本身的心理变化紧密相关。人们在沟通交流时，总会寻找一种最妥善的表达方式，使双方愉快地达成交际的目的。委婉语就是一种能够让沟通双方都感到愉快和满意的沟通方式。使用委婉含蓄的语言将强烈的话语或者一些难以启齿的话表示出来，这就是委婉语。委婉语的使用避免了人们在交流中感到尴尬、厌烦、不快等消极的感受。

1. 委婉含蓄

翻译示例如下：

例 6 水生说："今天县委召集我们开会。假若敌人再在同口安上据点，那和端村就成了一条线，淀里的斗争形势就变了。会上决定成立一个地区队。我第一个举手报了名的。"女人低着头说："你总是很积极的。"（孙犁《荷花淀》）

The district committee called this meeting today. Very soon now, they say, the Japs are going to try to set up more bases. If they manage to get a base at Tongkou-which is only a few dozen li away—that will alter our position here completely. The meeting decided to form a district brigade to keep the Japs out.I was the first to volunteer to go.

His wife lowered her head and muttered: "Always a step ahead of the others, aren't you?"（*The Lotus Lake*—Sun Li，戴乃迭 译）

当水生嫂得知丈夫要去参军时，她没有抱怨，也没有说鼓励的话，只是说了一句比较模糊的话："你总是很积极的。"这样一句平常的话语，既包含了她的鼓励，也夹杂着她的几分埋怨，却委婉含蓄地表达了她为丈夫参军既高兴又不满的复杂心情。

2. 形象生动

翻译示例如下：

例 7 "哙，亮起来了。"

阿 Q 照例的发了怒，他怒目而视了。

"原来有保险灯在这里！"他们并不怕。（鲁迅《阿 Q 正传》）

"Look! It's lighting up."

Ah Q rising to the bait as usual, would glare in fury.

"So there is a paraffin lamp here," they would continue, unafraid.（*The True Story of Ah Q*—Lu Xun，杨宪益、戴乃迭 译）

因为阿 Q 是瘌痢，头上没有头发，自然发亮，就像灯泡一样，形象生动。

（二）委婉语的翻译方法

1. 直译

翻译示例如下：

例 8 自从两地生孤木，致使香魂返故乡。（曹雪芹《红楼梦》第五回）

After the growth of a lonely tree in two soils,

Her sweet soul will be dispatched to its final rest.(*A Dream of Red Mansions* Chapter 5—Cao Xueqin，杨宪益、戴乃迭 译）

“故乡”指的是“老家”“灵魂的归属地”；“返故乡”，意思是“回到原来的地方”，指“死亡”。杨译也采用了英语的委婉手法。

2. 意译

翻译示例如下：

例 9 佩珊，我想老太爷一定是不中用了！我见过——（茅盾《子夜》）

Pei-shan，I'm afraid it's all over with Old Mr. I've seen people——（*Midnight*—Mao Dun，Yeh Chien-yu 译）

练习题

将下列句子译成英语。

1. 听说她跟那时周公馆的少爷有点不清白，生了个儿子。（曹禺《雷雨》）
2. 如果父母去世，穿孝要到百日。
3. 他气得脸上青筋暴起，浑身颤抖。

第七章　文学翻译案例

第一节　散文的翻译

一、散文翻译的原则

（一）传达情感原则

由于散文的创作主要是为了表达作者的思想感情，所以情感是散文的灵魂。在翻译散文时，译者首先要做到的是对原文情感效应的对等翻译。也就是说，要使读者在读完一篇翻译好的散文后，能产生与原文相同的情感。为了准确转译散文作者的真实情感，译者可以采用移情法。最早提出“移情”一词的学者是德国哲学家罗伯特·费肖尔（Robert Vischer）。他指出，移情即将情感注入翻译过程中。

具体来说，译者在使用移情法翻译散文时，需要把握如下技巧：

（1）在翻译之前，译者需要了解原散文的写作背景，并认真揣摩作者的思想。

（2）尊重原著情感是移情的前提，译者应将自己放在与原作者相同的情感地位中，充分感受和体会作者的思想感情。

（3）必要时，译者也要在译文中注入自己的感情，以便使原文思想充分地表达出来。

可见，译者对原文的掌控力和对作者思想的领悟能力直接决定着译作翻译的成功与否。下面来看一则翻译实例。

例 1　我爱热闹，也爱冷静；爱群居，也爱独处。像今晚上，一个人在这苍茫的月下，什么都可以想，什么都可以不想，便觉是个自由的人。白天里一定要做的事，一定要说的话，现在都可以不理。这是独处的妙处，我且受用这无边的荷塘月色好了。

I like a serene and peaceful life, as much as a busy and active one; I like being in solitude, as much as in company. As it is tonight, basking in a misty moonshine all by myself, I feel I am a free man, free to think of anything, or of nothing. All that one is obliged to do, or to say, in the daytime, can be very well cast aside now. That is the beauty of being alone. For the moment, just let me indulge in this profusion of moonlight and lotus fragrance.

这段文字充分展示了作者的思想感情，表达了作者当时的思想状况。译者对原文的深入体会，可以使读者感受其对荷塘美景的赞叹与作者自己当时的复杂心境。“我且受用这无边的荷塘月色好了”一句，更是表现出了作者的无奈以及内心的烦忧。译者认真分析和体会了作者的思想，在翻译时准确地把握了原文的基调，很好地再现了原文的意境。

（二）重现意境原则

意境是散文思想表达的依托，所以作者在散文写作中将意境的营造放到首位。散文创作的目的是给读者带来美的享受以及对生命的思考，所以译者在翻译时，对意境的重现是至关重要的，文学作品是在语境中生成意义的，这种语境可能涵盖政治、经济、文化等很多方面，虽然看似毫无关联，却能够给作品构造出框架，体现作者的思想。因此，从本质上来看，文学翻译就是不同文化语境的碰撞与交流。正如茅盾所说，“文学翻译是用另一种语言，把原作的艺术意境传达出来，使读者在读译文的时候能够像读原作时一样得到启发、感动和美的享受”。[①] 在这样的情况下，译者在文学翻译的过程中要在转换语言的同时对其文化语境展开深入分析，从而对源语文化进行相应转换。

散文的语言表达非常自由，重“义”而不重“形”，所以译者在翻译时不要拘泥于句子的表达，应做到收放自如，在准确再现原文意义的基础上，用优美、流畅的语言再现原文的意境。

例 2 It is a marvel whence this perfect flower derives its loveliness and perfume, springing as it does from the black mud over which the river sleeps, and where lurk the slimy eel, and speckled frog, and the mud turtle, which continual washing cannot cleanse. It is the very same black mud out of which the yellow lilysucks its obscene life and noisome odor. Thus we see too in the world, that some persons assimilate only what is ugly and evil from the same moral circumstances which supply good and beautiful results—the fragrance of celestial flowers—to the daily life of others.（Nathaniel Hawthorne：*The Old Manse*）

荷花如此清香可爱，可以说是天下最完美的花，可是它的根，却长在河底的黑色污泥中，根浊花清，这不得不说是一种奇迹。河底潜伏着滑溜的泥鳅，斑斑点点的青蛙，满身污秽的乌龟，这种东西虽然终年在水里过活，身上却永远洗不干净。黄色睡莲的香味恶俗，姿态妖媚，它的根也是生在河底的黑泥里面。因此，我们可以看见，在同样不道德的环境之下，有些人能够出污泥而不染，开出清香的荷花，有些人却受到丑恶的熏陶，成了黄色的睡莲了。（《古屋杂记》——纳撒尼尔·霍桑，夏济安 译）

在翻译这段文字之前，译者应对原文进行仔细分析。经分析可以发现，虽然原文只有三句话，但通过抑扬讽喻的表达、结构紧凑的布局、对照鲜明的意象，使原文含义更加丰富，表意更加清楚。如果要翻译如此优美的文字，译者要最大限度地保存原文的意境美，即运用贴切、自然的语言展现原文的思想和内容，且选词和表达必须达到与原文同样的境界和风格，使原文和译文在总的艺术效果上达到一致。

（三）把握风格原则

不同作者有着不同的写作风格，翻译时对于原文风格的把握特别重要。如果译文与

① 曾文雄．语用学翻译研究 [M]．武汉：武汉大学出版社，2007：127.

原文风格大相径庭，即便译文语言再优美、表达再到位也称不上佳译。因为译文一旦偏离了原文的风格，读者通过译文读到的就不是原作者的文笔风格，就难以体会作者字里行间的情感了。因此，译者要认真体会散文的时代风格与作家风格。例如：

（1）在翻译培根的散文时应该知道，他的作品中有大量的排比并列句式，形式较为工整，这也是17世纪的英国散文明显的修辞特点。

（2）18世纪的散文，在初期主要是口语化语言很流行，其代表作家是艾迪生（Joseph Addison）和斯梯尔（Richard Steele），而到了末期，文学语言又转向了典雅华丽。

（3）到了19世纪，文学艺术界由于受到浪漫主义思潮的影响，虽然仍有一些作家坚持散文的朴实无华，但是浪漫派散文已经开始形成主流。当时的作家在写散文时往往直抒胸臆，极力表现自己的独特个性。这个时期的散文特点是，语言新颖，句式灵活，有很强的感染力。强烈的节奏感、飞扬的文采、生动的比喻形成了散文的时代特色。

以培根的《论读书》翻译为例：

Of Studies

Francis Bacon

Studies serve for delight, for ornament, and for ability. Their chief use for delight, is in privateness and retiring; for ornament, is in discourse; and for ability, is in the judgment and disposition of business. For expert men can execute, and perhaps judge of particulars, one by one; but the general counsels, and the plots and marshalling of affairs, come best from those that are learned. To spend too much time in studies, is sloth; to use them too much for ornament, is affectation; to make judgment wholly by their rules, is the humor of a scholar. They perfect nature, and are perfected by experience—for natural abilities are like natural plants, that need pruning by study; and studies themselves do give forth directions too much at large, except they be bounded in by experience. Crafty men contemn studies, simple men admire them, and wise men use them; for they teach not their own use; but that is wisdom without them, and above them, won by observation. Read not to contradict and confute; nor to believe and take for granted; nor to find talk and discourse; but to weigh and consider. Some books are to be tasted, others to be swallowed, and some few to be chewed and digested; that is, some books are to be read only in parts; others to be read, but not curiously; and some few to be read wholly, and with diligence and attention. Some books also may be read by deputy, and extracts made of them by others; but that would be only in the less important arguments, and the meaner sort of books, else distilled books are, like common distilled waters, flashy things.

Reading makes a full man; conference a ready man; and writing an exact man. And therefore, if a man write little, he had need have a great memory; if he confer little, he had need have a present wit; and if he read little, he had need have much cunning, to seem to know that he doth not. Histories make men wise; poets witty; the mathematics subtitle; natural philosophy deep; moral grave; logic and rhetoric able to contend. Abeunt studia in morse. Nay, there is no stand or impediment in the wit, but may be wrought out by fit studies: like as diseases of the body may have appropriate exercises. Bowling is good for the stone and reins; shooting for the lungs and breast; gentle walking for the stomach; riding for the head; and the like. So if a man's wit be wandering, let him study the mathematics; for in demonstrations, if his wit be called away never so little, he must begin again. If his wit be not apt to distinguish or find differences, let him study the Schoolmen; for they are cymini sectores. If he be not apt to beat over matters, and to call up one thing to prove and illustrate another, let him study the lawyers' cases. So every defect of the mind may have a special receipt.

译文：

论读书

读书足以怡情，足以博彩，足以长才。其怡情也，最见于独处幽居之时；其博彩也，最见于高谈阔论之中；其长才也，最见于处世判事之际。练达之士虽能分别处理细事或一一判别枝节，然纵观统筹、全局策划，则舍好学深思者莫属。读书费时过多易惰，文采藻饰太盛则矫，全凭条文断事乃学究故态。读书补天然之不足，经验又补读书之不足，盖天生才干犹如自然花草，读书然后知如何修剪移接；而书中所示，如不以经验范之，则又大而无当。有一技之长者鄙读书，无知者慕读书，唯明智之士用读书，然读书并不以用处告人，用书之智不在书中，而在书外，全凭观察得之。读书时不可存心诘难作者，不可尽信书上所言，亦不可只为寻章摘句，而应推敲细思。书有可浅尝者，有可吞食者，少数则须咀嚼消化。换言之，有只须读其部分者，有只须大体涉猎者，少数则须全读，读时须全神贯注，孜孜不倦。书亦可请人代读，取其所作摘要，但只限题材较次或价值不高者，否则书经提炼犹如水经蒸馏，淡而无味矣。

读书使人充实，讨论使人机智，笔记使人准确。因此，不常做笔记者须记忆特强，不常讨论者须天生聪颖，不常读书者须欺世有术，始能无知而显有知。读史使人明智，读诗使人灵秀，数学使人周密，科学使人深刻，伦理学使人庄重，逻辑修辞之学使人善辩：凡有所学，皆成性格。人之才智但有滞碍，无不可读适当之书使之顺畅，犹如身体百病，皆可借相宜之运动除之。滚球利睾肾，射箭利胸肺，慢步利肠胃，骑术利头脑，诸如此类。如智力不集中，可令读数学，盖演题须全神贯注，稍有分散即须重演；如不能辨异，可令读经院哲学，盖是辈皆吹毛求疵之人；如不善求同，不善以一物阐证另一物，可令今读律师之案卷。如此头脑中凡有缺陷，皆有特药可医。

（王佐良 译）

弗朗西斯·培根是英国文艺复兴时期著名的散文家、哲学家、实验科学的先驱，留有58篇散文传世。培根下笔，时而洋洋洒洒，时而十分简约，潇洒飘逸，有大将风度，口吻十分自信、认真。论断分明，又不失诗人奔驰的想象。不时用上一句拉丁文，这使他的文章多了一份书卷气，带上了一点古香古色。培根的散文以准确、清楚、条理分明著称，加上他擅长写出饱含人生经验和智慧的名言警句，形成了独特的散文风格。

《论读书》是培根散文中的经典之作，因此要译好这篇文章实属不易。翻译培根这篇散文时，重要的是要译出培根散文之简约的风格，译出他那种自信的口吻、格言般的警句。在这方面，王佐良先生做得最好，他用半文半白的文体，十分精湛地再现了培根散文的风格，可谓尽善尽美。

例3 曲曲折折的荷塘上面，弥望的是田田的叶子……层层的叶子中间，零星地点缀着些白花，有袅娜地开着的，有羞涩地打着朵儿的；正如一粒粒的明珠，又如碧天里的星星，又如刚出浴的美人。微风过处，送来缕缕清香，仿佛远处高楼上渺茫的歌声似的。……叶子本是肩并肩密密地挨着，这便宛然有了一道凝碧的波痕。

All over this winding stretch of water, what meets the silken field of leaves... Here and there, layers of leaves are dotted with white lotus blossoms, some in demure bloom, others in shy bud like scattering pearls, or twinkling stars, or beauties just out of the bath. A breeze stirs, sending over breaths of fragrance, like faint singing drifting from a distant building...The leaves are caught trembling in an emerald heave of the pond. ①

二、散文翻译的常见方法

（一）真实再现散文的意义

散文的核心在于传情达意，状物叙事和说理真切、直接，故准确再现散文之意是散文翻译的前提，这要求译文在意义、形式、趣味、格调等方面力求与原文等质等量。要做到这一点，首先需要对散文进行充分、细致的解读。对散文的解读不仅要落实到单个字词的意义、语音、拼写等微妙的细节上，而且要涉及对词语的内涵和外延意义、比喻意义和象征意义，再到句子、语篇的主题意义等的理解。

再现散文之意要兼顾散文的内容和形式，从语言层次上说，译文由微观到宏观，从字、词、句、篇到修辞、逻辑、文体、主题的仔细把握，使用精确、恰当的词句来再现原意；从文化层次上说，译文必须结合原文的社会、历史、文化和文学背景，准确地体现原文的意义。

我国著名翻译理论家张培基先生充分掌握了英汉词汇的差异，翻译时他能根据上下文语境把握词语所代表的内涵意义，进而准确地做出相应转换。在翻译过程中，特别采用

① 徐军，孙宪梅．浅论散文的语言特点与翻译[J]．德州学院学报，2006（2）：59.

了增词、减词、变通等多种手段，很好地保留了原文的语意和美感。

例 4 行李太多了，得向脚夫行些小费，才可以过去。(《谈骨气》)

There was quite a bit of luggage and bargain with the porter over the fee. (*Take about Integrity*)

根据上下文，这句话中的“小费”，张培基先生把它翻译成 fee 而不是 tip，因为这并不是通常所说的指给搬运工、侍者、出租车司机等的额外服务费用，而是指付给搬运工的搬用费，如此翻译体现了其翻译的准确性。

例 5 一个人，哪怕他的脾气有如虎狼那么凶暴，我相信如果长住在海滨，一定会变得和羔羊一般驯服。(《海恋》)

A person with a terrifying hot temper will become, I believe as meek as a lamb after a long stay by the seashore. (*Love of Sea*，张培基 译)

上例中的“脾气有如虎狼那么凶暴”，如果直译为 with a temperament as fierce as that of a tiger or wolf，会使读者认为这个人很凶残，那么就在翻译过程中错误地传达了作者的意思，张培基先生将之意译成 with a terrifying hot temper，则产生了非常好的效果。

总之，准确真实地再现散文之意是散文翻译的第一要务，但与其他文学作品一样，散文的意义和形式是紧密相连的，所以在把握原文意义的基础上采用合适的译入语形式也是散文翻译的关键。

（二）恰当保存散文的形式

散文的选材自由，形式开放，但并不意味着散文就不注重形式，它只是不像诗歌讲究音韵格律，也不像小说虚构情节，采用特殊的叙事手段。散文的美除了体现在意境和情趣上外，也体现在散文的形式上，包括散文的音韵节奏、遣词造句、修辞手段等。如果在翻译散文时忽略原文的形式，那必定会失去原文的美。散文最显著的表现形式就是通过散文的词句体现出鲜明的个性和风格。

例 6 燕子去了，有再来的时候；杨柳枯了，有再青的时候；桃花谢了，有再开的时候。(《匆匆》)

If swallows go away, they will come back again. If willows wither, they will turn green again. If peach blossoms fade, they will flower gain. (*Rush*)

原文是包含了三个分句的一句话。形式上，每个分句的字数相等，结构一致，而且都用了两个谓语动词。内容上，每个分句都隐含着条件关系，即“如果……就……”，同时分句之间是并列关系。所以，译文中，译者使用了断句分译方法，把一句话中的三个分句处理成三个独立的句子，且都使用了 if 引导的条件句式，把原文分句的前一个谓语动词放在从句中，把后一个谓语动词放在主句中。这样不仅把原文隐含的条件关系显现了出来，而且解决了谓语动词的矛盾。

例 7 秋天，无论在什么地方的秋天，总是好的。(《故都的秋》)

Autumn, wherever it is, always has something to recommend itself. (*Old Captial's Autumn*)

译文将 autumn 单独放在句首，加上插入语 wherever it is，同样构成了三个小句。原文是独白式的口头语，译文也达到了同样的效果。然而，由于语言文化的差异，原文形式不可能完全照搬进译文。所以在翻译时，译者应尽量切合原文的风格。因此，在译文中最大限度地保存散文的形式也是翻译散文的重要原则之一。

（三）消除原文和译文之间的文化差异

语言是文化的载体，我们只有消除文化上的隔阂，才能使读者在转换两种语言时消除理解上的鸿沟。要清除这些隔阂，并不是将所有的文化因素都抛弃掉，而是要想办法译得更准确。原文的意味和意境不能改变，另外还可以利用注释和说明来完整传递原文的意趣。张培基先生在翻译散文时，使用了适当的句型表现逻辑关系，使译文通俗易懂。

例 8 那年冬天，祖母死了，父亲的差使也交卸了，正是祸不单行的日子……（《背影》）

Misfortunes never come singly. In the winter of more than two years ago, grandma died and father lost his job. (*The Sight of Father's Back*，张培基 译)

原文先陈述事实，然后给出结论，而译文刚好相反，先得出结论，再叙述事实。调整结论与事实的顺序，更符合西方人的逻辑思维习惯。

例 9 可是她的时间大半被家务和耕种占去了，没法多照顾孩子，只好让孩子们在地里爬着。（《母亲的回忆》）

But she was too busily occupied with household chores and farming to look after the kids so that they were left alone crawling about in the fields. (*Loving Memories of Mother*, 张培基 译)

too...to... 表示一种逻辑上的因果关系，so that 表示结果。

文化因素如果处理不当，就会成为理解的障碍。张培基先生采用了增词法、意译法等消除了这些障碍。

例 10 有时也兼做点农作，芒种的时节，便帮人家插秧……（《为奴隶的母亲》）

Sometimes she also worked in the fields; early each summer she turned farm-hand. (*A Slave Mother*，张培基 译)

芒种是中国的二十四节气之一，直译法必须加注 early each summer，否则会让人费解，意译法简洁明了。

例 11 他姓差，名不多。（《差不多先生传》）

His surname is Cha and his given name, Buduo, which altogether mean "about the Same". (*Mr. About-the Same*，张培基 译)

此句用增补法，补充了中文“差不多”的意义，译入语读者就能理解这篇文章的中心内容。

总而言之，对于散文的翻译，译者应该把握意义、形式和文化方面的内容，真实地再现散文的意义；恰当地保存散文的形式；消除原文和译文之间的文化差异。这是翻译散文的基本方法。

第二节　小说的翻译

一、概念与分类

（一）小说的定义

小说是以艺术形象为中心任务，通过叙述和描写的表现方式，在讲述部分连续或完整的故事情节并描绘具体、生动、可感的生活环境中，多方位、多层面、深刻且具象地再现社会生活的面貌。

该定义中的艺术形象，主要包括人物形象、动物形象和景物形象的整体。其中，人物形象属于核心。小说通常用叙述、描写等手段，但这并不排除局部地、不同程度地用抒情、说明、议论等表达方式。其中，叙述和描写是最基本和根本的手段。小说一般都是完整的或相对完整的故事，而现代小说经常有时空跳跃，会故意将一个完整的情节分割成零碎的片段。但是，小说的情节必须保持局部的连续与表述的一致，具象化地再现，注重小说的文艺方式，不可与抽象的哲学方式混同，并且，还要尽可能地避免给抽象的主题找到一个形象化的图解的躯壳，这种创作会更加生动、可感、具体，但这并不是一贯的、发自内心的且真诚的具象构思。

（二）小说的分类

1. 长篇小说

长篇小说的字数在 10 万字以上。长篇小说反映的纵断面生活更加厚实、背景更为浩繁、结构复杂、人物极多。一篇成功的长篇小说不但能塑造主要的人物，而且能塑造多个典型的人物。长篇小说情节曲折、多变，其环境描写有特定的区域景物，还有特定的、由复杂人际关系构成的社会环境。其通常会因为对社会进行全面、深刻的反映而被称为“史诗”。在一定程度上，某时代的文学作品都是长篇小说。

2. 中篇小说

中篇小说的字数一般会控制在 3 万到 10 万字之间。结构稍显复杂，人物相对较多，但一般仅围绕一个人物展开，没有长篇小说的层面那么多。

中篇小说能描述有一定长度历史的纵断面生活，能从不同角度描写某一典型形象的性格系统，也能全方位地阐述一个人物的命运。中篇小说具有长篇小说“全景式”“大容量”的特点，然而与长篇小说相比，中篇小说却能精练、简单地概括复杂的纵断面生活。中篇小说中的人物关系不一定复杂，情节枝蔓不多，却能对人物之间的内心冲突进行集中展示。

3. 短篇小说

短篇小说的字数通常是几千到3万。短篇小说主要是截取生活中有典型意义的横断面来反映一定的社会生活。在对人物刻画上，短篇小说会集中艺术笔墨塑造一个性格侧面较为系统、完整的人物。

4. 微型小说

微型小说是容量最小的、篇幅最短的小说，其情节也非常单一，人物也很少。微型小说的字数可以是几十字、几百字或两千字之内。微型小说的含义深刻，可以给读者留下很大的想象空间；取材一般来自生活中的小事，渗透一些褒贬或哲理。微型小说通常充满着智慧与巧妙，有着幽默、荒诞、夸张、象征、幻想等色彩，可以释放巨大的思想能量，震撼人心。

其实，篇幅上的差异仅是表面上的形式标志，主要的区别还应看小说的内容与形式。不同的材料适合写不同的小说，这是要根据小说审美形态来选择的。

二、小说的语言特点

（一）形象与象征

小说语言一般是通过意象、象征等手法形象地表明或表达情感和观点的，而不是用抽象的议论或直述其事来表达。小说的语言会用形象的表达对一些场景、事件及人物进行具体、深入的描绘，使读者有身临其境之感，从而有一定的体会和感悟。小说对人物、事物会做具体的描述，其使用的语言一般以具象体现抽象，用有形表现无形，使读者渐渐受到感染。

小说中经常用象征的手法。象征并不明确或绝对代表某一思想和观点，而是用启发、暗示的方式激发读者的想象，其语言特点是以有限的语言表达丰富的言外之意和弦外之音。用形象和象征启迪暗示，表情达意，大大增强了小说语言的文学性与艺术感染力，这也成了小说的一大语言特点。

（二）讽刺与幽默

形象与象征启发读者向着字面意义所指的方向寻找更丰富、深入的内涵，层次则使读者从字面意义的反面去领会作者的意图。讽刺，即字面意思与隐含意思相互对立。善意的讽刺一般能达到诙谐幽默的效果。讽刺对语篇的道德、伦理等教育意义有强化作用。幽默对增强语篇的趣味性有着重要作用。虽然讽刺和幽默的功能差异很大，但将二者结合起来将会获得意想不到的效果。讽刺和幽默的效果一般要通过语气、音调、语义、句法等手段来实现。小说语言的讽刺和幽默效果的表现形式有很多，它们是表现作品思想内容的重要技巧，更是构成小说语言风格的重要因素。

（三）词汇与句式

在小说语言中，作者揭示主题和追求某种艺术效果的重要手段就是词汇的选用和句式的安排。小说语言中的词汇在叙述和引语中的特点是不同的。在叙述时，使用的词汇较为正式、文雅，书卷味很强。引语来自一般对话，但又与一般对话有所不同，其有一定的文学审美价值。小说的引语应摒弃一般对话中开头错、说漏嘴、因思考与搜索要讲的话所引起的重复等所用的词汇与语法特点。

小说中的句式既有模式化的特征，如对称、排比等，又有与常用句式的“失协”。句式不同所产生的艺术效果也不同，作者就是通过运用不同句式而实现其表达意图的。

（四）叙述视角

通俗地说，小说就是讲故事，所以其语言是一种叙述故事的语言。传统的小说特别注重小说的内容，关注讲的故事是什么，重点研究故事的要素，包括情节、人物和环境。但是，现代小说理论则更在意如何讲述故事，将原来的研究重点转向了小说的叙述规则、方法及话语结构、特点上。通常，小说可以用第一人称和第三人称的形式展开叙述。传统的小说通常采用两种叙述视角：一是作者无所不知的叙述；二是自传体，即用第一人称的方式进行的叙述。现代小说则变成一切叙述描写均从作品中某一人物的角度出发的故事语言。总之，叙述视角的不同最后所获得的审美艺术效果也大为不同。

三、小说翻译的基本方法

（一）人物塑造与翻译

小说特别注重对人物的刻画。小说通常会塑造性格不同、栩栩如生的人物形象，如英勇伟岸的时代豪杰，平庸无奇的市井小人，浓施粉黛的大家闺秀，秀色可餐的小家碧玉等。这些人物形象一方面对读者具有启发作用，另一方面可以将读者带入特定的境界中，获得丰富的审美体验。在塑造类型各异的人物时，作家往往会使用各种风格的语言，以此来展现小说人物的精神状态，揭示其内心世界。译者在对各种不同小说人物进行翻译时应对此给予关注。

翻译是两种语言之间的形象转换。小说人物塑造的翻译应对附加在词汇本身概念上的联想意义进行甄别。因为英汉两种语言分属于不同的语言体系，所以中西文化传统也存在很大的差异，进而导致中西方人的思维模式各不相同，因此要想以一种完全不同的语言再现另一种语言创造的艺术品，并非易事。对此，国内有学者提出在译入语中对人物形象的忠实重塑应该遵循等值原则。奈达提出了“动态对等”翻译标准，也就是源语与译入语之间最贴切、最自然的对等。其核心是从译入语中找出恰当的表达手段，采用最自然的方式来将原作的对等信息表达出来。翻译等值概念的出现，使小说人物塑造的翻译走出两个极端（即直译与意译），获得了更新、更全面的等值翻译。

在具体的小说翻译实践中，译者要用心选词，找到恰当的表达方式，使读者通过阅读译文也能对人物形成深刻、鲜明的印象，并获得与原文相同的效果。

例 1 "Do you think I can stay to become nothing to you? Do you think I am an automation? A machine without feelings? And can bear to have my morsel of bread snatched from my lips, and my drop of living water dashed from my cup? Do you think, because I am poor, obscure plain, and little, I am soulless and heartless? You think wrong!—I have as much soul as you and full as much heart!"

"你难道认为，我会留下来甘愿做一个对你来说无足轻重的人？你以为我是一架机器？一架没有感情的机器？能够容忍别人把一口面包从我嘴里抢走，把一滴生命之水从我杯子里泼掉？难道就因为我一贫如洗、默默无闻、长相平庸、个子瘦小，就没有灵魂没有心肠了？——你想错了，我的心灵跟你一样丰富，我的心胸跟你一样充实！"

该例的原文向读者呈现了一个自强自爱、要求平等的简·爱，主人公的精神和个性得到了充分的体现。基于这一因素，译者在遣词造句和语气上都必须精心雕琢，以准确地再现原文主人公的形象

（二）小说修辞的翻译

小说的审美价值很大一部分体现在"小说修辞"中。所谓"小说修辞"，是指"隐含作家"用来控制读者的技巧，而这一技巧具体来讲就是作者叙事的技巧。"叙事"正是叙事学中最基本的概念，"叙事之于小说犹如旋律节奏之于音乐、造型之于雕塑、姿态之于舞蹈、色彩线条之于绘画，以及意象之于诗歌，是小说之为小说的形态学规定"。小说的本质特性就是叙事，即"采用一种特定的言语表达方式叙述来表达一个故事"。小说离不开叙事，叙事是小说的灵魂。小说是文学作品的一大题材形式，是散文叙事艺术的集大成者，所有文学翻译的准则无疑都适用于小说翻译。

俄罗斯翻译理论家科米萨罗夫（1980）提出，按照原作的功能目的，翻译可分为"文艺翻译"和"非文艺翻译"（即"信息翻译"）。之所以将文艺作品和其他言语产品对立，是因为它具有文艺美学功能，而在其他言语产品的翻译中占第一位的则是信息功能。小说翻译受节奏、语音、语调的影响相对较小，也不太受形式和内容关系的约束，尤其是现实主义小说，因此译者在翻译小说时往往只注意原文的内容而容易忽视其形式，不能反映原文中通过语体或独特的文学话语体现出来的修辞、美学功能，更乐于在内容层面上建立对等，将注意力集中在小说事实上，忽略原作者对表现形式的操纵。这类翻译被称为"虚假等值"。

在小说翻译中，要达到文艺美学功能的等值，译者必须紧紧抓住叙事这一本质特性，恰当地把握原文作者的叙事技巧，准确地再现原作中的叙事类型。作者的叙事技巧往往表现在两个方面：

（1）小说的叙述结构安排上。

（2）表现在“叙述话语”上，即表现在“用于讲述某一事件或系列事件的口头或笔头形式”上。

在小说翻译过程中，对翻译产生直接影响的是叙述的话语层而非故事层，因为作者是通过叙述话语来塑造人物、反映生活的。对译者而言，作者所采用的任何语言手段都是其创造性再现的对象，而故事是完全独立于作家的写作风格的，不同的风格可以表达同样的故事，因此追求故事层上的对等是远远不够的。

文学作品中语言手段的功能在很大程度上与作者的个人风格有关。一部成功的小说除了情节故事外，必定还有作者匠心独运的表达手法。在文学翻译过程中，唯有译者充分意识到这点，并采取适当的手段进行传达，译作才能保持原作的韵味和艺术性。作者的叙述话语是完全融合在叙事类型中的。那什么是叙事类型呢？这是指由某种观点（作者、讲述者或人物的观点）组织起来的结构统一体。它有各种现实存在形式，具有自身的内容和功能，其特征是一整套相对稳定的结构特点和言语手段。

（三）小说文体的翻译

文学文体学是一门探讨文学文体的文艺理论学科，它借助对文学文本的文体分析，集中探讨作者如何通过对语言因素及其结构形式的选择，来加强和表达作品的主题意义和美学效果。文学文体学对文学文本的分析一方面包括对作品话语体式，如语音、词汇、句法、修辞的分析，另一方面包括对文本整体结构方式的把握，如诗歌的段落布置、小说的情节安排。在文体分析的基础上，文学文体学把社会文化内容融进作品的文体分析中，并兼顾作家的个性心理和文体意识，以及读者的文体期待等因素，文学文体学把文学作品的语言分析与文化分析统一起来，是连接语言学和文学批评的桥梁。

以文学文体学的研究方法来探讨近代的翻译小说，本书首先关注的是它的话语体式。近代翻译小说在话语体式上最显著的特点是三种不同语体的运用：文言、浅近文言、白话，并且它的发展经历了一个由“雅”趋“俗”，也就是不断地由文言趋向白话的演变过程。

小说是叙事的艺术，其主要的语言表达方式和功能就是叙事，所以小说文本的结构方式在这个意义上可以看作小说叙事语言的组织方式，也就是小说的叙事方式。叙事学对叙事方式的分析可以有各种各样的理论模式。考虑到近代翻译小说文体的实际发展过程，陈平原在《中国小说叙事模式的转变》一书中提出了研究模式，他将中国小说叙事模式分为三个层次：叙事时间、叙事角度、叙事结构。其中，叙事时间是作家处理的体现在小说中的时间；叙事角度是叙事者叙述故事的视角；叙事结构指作家创作时在情节、性格、背景三要素中选择以何种为结构中心。

作为话语体式和结构方式，翻译小说文体的文化阐释涉及以下三个方面：

（1）译文是译者在原文文体的基础上再创造的产物，它的形成与译者的文化心态和翻译态度相关。

（2）翻译小说的文体虽然是译者创造的产物，但也与接受者相关，因为文本的接受必须引入读者才能使文学交流得以完成。

（3）翻译小说文体的创造与接受总是在一定的历史文化环境中，也就是在一定的翻译场中进行的。

在了解英文小说的文体特征之后，还要具备一定的翻译理论和掌握一些翻译方法，通过大量的阅读和翻译实践，才能把小说翻译好。

（1）小说反映的是广阔的社会现实，因此翻译小说必须有宽阔的知识面，有较为丰富的英语民族以及汉语民族的社会文化知识，如历史、地理、文学艺术、政治、宗教、体育、风土民情等，这对准确理解原著起着十分重要的作用。

（2）译者必须具备一定的文学鉴赏力，在一定程度上应是一位文学批评家。

（3）译者必须对译入语驾轻就熟，有较高的母语表达能力，既能对译出语意会，又能用译入语言传。应在遣词造句上下功夫，正确运用翻译技巧，以保证行文的连贯流畅。同时，译者还应深入分析原作的语言风格，如是正式的还是非正式的，是高雅的还是粗俗的，是口语化的还是书卷气十足的等。

下面来看看小说文体翻译的实例。

例 2 You' re a pal!（选自 *Presumed Innocent*）

你真够朋友 / 你真够哥们。

小说原文表达的是“你是一个朋友”，但这句译文是判断或阐述，而原文是抒情，属于“表达类”言语行为。可见，好译文要翻译出原文的交际功能。

例 3 I am ready to pop.（选自 *Liar Liar*）

我要爆炸了 / 我的肚子要裂开了。

该例原文是对“还要吃点吗？”的应答，因此是礼貌拒绝的功能。那么翻译成“吃不了”“再吃就要爆炸了”比较贴切，切不可按照字面意思翻译成“我准备引爆”。

（四）小说风格的翻译

读者在阅读小说时可以发现，有的小说语言简单活泼，有的语言则幽默辛辣，不同的语言特点其实都源于小说家写作风格的不同。另外，小说的风格还会通过小说的主题、人物形象、故事情节、创作方法等表现出来。

译文的读者一般不会直接接触原作，但依然希望与原作的读者一样领略作品中所包含的精神。美国翻译理论家奈达指出，真正需要的是提供这样一种译文：它可以使译文读者领略到读原著所能领略到的东西。虽然译者在风格方面不能做到完全统一，但是译者应尽可能地避免自身风格的影响，使作者期望达到的艺术功能与特殊效果得以保留。

这就要求译者在翻译不同小说家的作品时，必须在准确传达原文思想内容的基础上，忠实地再现原文的风格。

（五）小说语境的翻译

语境，即语言环境，是指用语言进行交际的具体场合。小说的语境均是特定语言创设的语境，而语境的翻译要比语义翻译更加困难。

语境在很大程度上影响着译者对原文的理解。在进行翻译实践的过程中，译者了解作为符号的语言与具体语境之间的关系对于信息的正确传递具有重要的影响。如果译者忽视了语境的作用，则很难忠实于原文的风格进行翻译，同时无法准确传递出原文信息。英汉两种语言具有很大的差异性，因此想要取得完全相同的表达效果是不可能的。在小说翻译中，译者需要在运用自身的语言知识的基础上重视语境对文章表达的影响，从而在很大程度上还原原文的信息。

小说是在语境中生成意义的，这种语境可能涵盖政治、经济、文化等很多方面，虽然看似毫无关联，却能给作品构造出框架，体现作者的思想。因此，从本质上来看，小说翻译就是不同文化语境的碰撞与交流。因此，译者在小说翻译的过程中需要在转换语言的同时对其文化语境展开深入分析，使用恰当的词语和表达方式，准确地翻译原文语境。

例 4　It was Miss Murdstone who has arrived, and a gloomy looking lady she was; dark, like her brother, whom she greatly resembled in face and voice; and with very heavy eyebrows, nearly meeting over her large nose, as if, being disabled by the wrongs of her sex from wearing whiskers, she had carried them to that account. She brought with her two uncompromising hard black boxes, with her initials on the lids in hard brass nails. When she paid the coach man, she took her money out of a hard steel purse and she kept the purse in a very jail of a bag which hung upon her arm by heavy chains, and shut up like a bite. I had never, at that time seen such a metallic lady altogether as Miss Murdstone was.

来的不是别人，正是枚得孙小姐。只见这个妇人，满脸肃杀，发肤深色，和她兄弟一样，而且嗓音，也都和她兄弟非常地像。两道眉毛非常地浓，在大鼻子上面几乎都连到一块儿了，好像因为她是女性，受了冤屈，天生的不能长胡子，所以才把胡子这笔账，转到眉毛的账上了。她带来了两个棱角崚嶒、非常坚硬的大黑箱子，用非常坚硬的铜钉，把她的姓名的字头，在箱子的盖儿上钉出来。她付车钱的时候，她的钱是从一个非常坚硬的钢制钱包儿里拿出来的，而她这个钱包儿，又是装在一个和监狱似的手提包里，用一条粗链子挂在胳膊上，关上的时候像狠狠地咬了一口一样。我长到那个时候，还从来没见过别的妇人，有像枚得孙小姐那样完全如钢似铁的。（张谷若译）

该例选自狄更斯的《大卫·科波菲尔》。这段文字描写了枚得孙的姐姐兼管家刚到科波菲尔家时的场景。可以看出，作者对此人物是持否定态度的。根据作者的态度，译者在遣词造句时就要注意体现其观点，努力再现原文的情景。例如，将 gloomy looking 译为“满脸肃杀”，将 uncompromising 译为“棱角崚嶒”等。

第三节　戏剧的翻译

一、戏剧的定义与翻译原则

（一）戏剧的定义

古希腊亚里士多德提出了“戏剧是行动的艺术”这一观点，认为戏剧是一种模仿，而且是对人的行动的模仿。模仿是促使戏剧生成的一种重要途径，而“行动”则是戏剧的外部呈现特征。与亚里士多德的观点相同，印度第一部戏剧理论著作《舞论》将戏剧的模仿方式界定为“语言和形体动作及内心的表演”。

英国著名戏剧理论家马丁·艾思林在《戏剧剖析》中指出：“在希腊语中戏剧（drama）一词，就是动作（action）的意思。……戏剧之所以成为戏剧，恰好是由于除言语以外那一部分，而这部分必须看作是使作者的观念得到充分表现的动作（或行动）。”[①]

黑格尔认为，实际行动并非戏剧的主要对象，其主要对象是内心情欲的表现。

中国学者王国维认为，戏剧的本质特征在于戏剧“合歌舞以演故事”。但这仅是对某一阶段中国传统戏剧的外部形态的界定，并不能涵盖戏曲艺术以外的戏剧现象。

总结而言，戏剧是一种重要的文学样式，也是一门综合艺术。作为一种文学样式，戏剧文学是指剧本。它是一门语言艺术。它规定了戏剧的主题、人物、情节、语言和结构，是舞台演出的基础和依据。作为一门综合艺术，戏剧所包含的元素极为丰富，包括文学、舞美、音乐、演艺等元素，而且主要通过演员在舞台上的表演来展现艺术效果。

作为一种文学艺术，戏剧有着与其他文学体裁相同的特点，同小说一样包含人物和情节，同诗歌一样需要读者阅读、聆听和欣赏。但同时，戏剧又有着自身的独特性，戏剧在情境、冲突、结构、语言等方面显示出明显的特征。

就戏剧的分类而言，依据的标准不同，戏剧有着不同的类型。根据审美效果来划分，戏剧可分为悲剧、喜剧和正剧；根据作品题材来划分，戏剧可分为现代剧、历史剧、童话剧；根据戏剧场次容量划分，戏剧可分为多幕剧、独幕剧等。

（二）戏剧翻译的原则

戏剧翻译可分为供阅读的翻译和供舞台演出的翻译两种。鉴于戏剧文学是适于舞台表现的文学，戏剧表演的使命便是它的基本特征。这里主要针对的是供舞台演出的戏剧翻译原则。

① 康保成．戏剧的本质及其审美特征[J]．阅读与写作，2004（4）：12.

1. 上口性

戏剧最终是要搬上舞台演出的，是要通过“说”与“表演”来实现其艺术价值的，因而追求戏剧语言的上口性对戏剧演出至关重要。戏剧创作如此，戏剧翻译亦然。戏剧翻译中的上口性就是要求译文语言既要便于演员上口，又要有利于剧情表现与观众理解。具体地说，就是要便于演员表演时念起来抑扬顿挫，朗朗上口，观众听起来语音清晰，流畅顺耳。不仅如此，由于舞台演出的时空局限，上口性还要求语言简练、鲜活。拖泥带水、句子零乱的台词也难以取得应有的表情艺术效果。译文语言的鲜活，就是要语言生动形象、表达准确、有力度、有情趣，充满着时代气息。

2. 可表演性

戏剧是通过表演来完成其艺术使命的。戏剧表演的特性要求其译文语言要体现出动作性，要适于演员舞台表演。不仅如此，其译文语言还需具有语境中的前后“关联与激发性”。也就是说，其译文的动作性还要求与人物对话的语言环环相扣，彼此推演流转，形成一个既可连续演出又可推动剧情发展的动作体系。

3. 性格化

“一句台词勾画一个人物”（老舍语），说出了戏剧台词之于塑造人物的重要性。“说一人，肖一人，勿使雷同，弗使浮泛”（李渔语），则道出了戏剧人物需有鲜明而独特的性格。在戏剧翻译中，应针对不同人物的性格进行遣词造句。再现人物的性格，需要把握人物台词的语义与风格，辨明其言说的语调，分清其语气的变化，感知其语势的强弱。唯有如此，戏剧翻译中再现的人物才会千人千面、千面千腔、性格突出、形象饱满、耐人寻味。

二、戏剧的翻译方法

（一）直译法

直译法是一种最为简单有效的翻译方法，这种方法适用于源语与译入语在语义、结构、功能等方面重合的情况。在不会引起误解的情况下，就可以按照原文的字面含义和语序进行翻译，以保留原文的形式，传达原文的含义。

例 1 Though yet of Hamlet our dear brother's death
The memory be green, and that it us befitted
To bear our hearts in grief, and our whole kingdom
To be contracted in one brow of woe;
Yet so far hath discretion fought with nature
That we with wisest sorrow think on him,
Together with remembrance of ourselves.
Therefore our sometime sister, now our queen,

Th'imperial jointress to this warlike state,
Have we, as'twere with a defeated joy,
With an auspicious and one dropping eye,
With mirth in funeral, and with dirge in marriage,
In Equal scale weighing delight and dole,
Taken to wife ; Nor have we herein barr'd
Your better wisdoms, which have freely gone
With this affair along : For all, our thanks.

至亲的先兄哈姆雷特驾崩未久,
记忆犹新,大家固然是应当
哀戚于心,应该让全国上下
愁眉不展,共结成一片哀容,
然而理智和感情交战的结果,
我们就一边用适当的哀思悼念他,
一边也不忘记我们自己的本分。
因此,仿佛抱苦中作乐的心情,
仿佛一只眼含笑,一只眼流泪,
仿佛使殡丧同喜庆、歌哭相和,
使悲喜成半斤八两,彼此相应,
我已同昔日的长嫂,当今的新后,
承袭我邦家大业的先王德配,
结为夫妇;事先也多方听取了
各位的高见,多承一致拥护,
一切顺利;为此,特申谢意。(卞之琳 译)

以上是《哈姆雷特》中的第一幕第二场,描述的是哈姆雷特的叔父克罗迪斯在登基大典上的演说词。在翻译这段演说词时,应尽量保持原文的句法和语序,因为文字的顺序对于反映剧中人物的形象和性格起着关键的作用。剧中克罗迪斯对于演说词的遣词造句下了很大的功夫,以掩饰自己真正想要传达的意思。例如,从第八行 Therefore 开始,本来是一句简单句,但却使用了倒装句,还增添了同位语、修饰语等,而且用了六行多文字才表达清楚。而这样的结构和逻辑正好与克罗迪斯现在身为国王的身份相符合,而且语气显得十分庄重。针对这一句的翻译,译者最大限度地保留了原文的语序、句法特点和语体风格,而且文字与原文紧紧相扣,恰如其分地将克罗迪斯外表的威严和内心的惭愧表达了出来。

例 2 潘月亭:哼!"请神容易送神难"。用这个招牌把他们赶走了倒容易,回头见着金八,我们说不定就有乱子,出麻烦。

PAN：No，Humph! "Its easier to raise the Devil than to send him away." It's easy enough to get rid of them with a piece of bluff like that，but the next time we run into Mr. Jin there's going to be hell to pay，as likely as not.（巴恩斯 译）

随着东西文化的交流，原本一些陌生的文化意象已经能为外国读者所接受，此时就可以采用直译法进行翻译。上述原文选自曹禺的《日出》，对于原文中"请神容易送神难"这一俗语，译者采用了直译法进行处理，直截了当，并且翻译效果最佳。

（二）归化法

归化法是指采用符合译入语的文化传统和语言习惯的概念进行翻译，以实现功能对等或动态对等。这种方法十分适用于戏剧口语化特征的翻译。上文提到，戏剧具有口语化特征，但口语化与诗意并不矛盾，有些原剧本中具有诗意性的语言对于本族而言仍读来朗朗上口，具有口语化特征。在翻译时，需要尽量采用译入语读者喜闻乐见的语言，使台词符合译入语文化的口语规范，使台词少一些书卷气，多一些通俗性。

例 3 What，shall this speech be spoke for our excuse? Or shall we on without an apology?

怎么！我们就用这一番话作为我们的进身之阶呢，还是就这么昂然直入，不说一句道歉的话？（朱生豪 译）

就用方才那段话作借口进门呢，还是一句话不说就进去呢？（曹禺 译）

一般戏剧对话中较少使用文绉绉的语言，而在上述翻译中，朱生豪的译文中出现了"进身之阶""昂然直入"这样的四字结构，显得书卷气很重，而且也会给读者的理解带来困难。相比之下，曹禺的译文则平实朴素，而且也很好地表达了原文意思，同时也不失诗的韵律感和结构感。

（三）拆译法

所谓拆译法，就是拆长化短，就是为了使译文符合汉语的表达习惯，也为了更加清晰地表达原文含义，而在翻译过程中调整原文结构，将某个成分单独分离出来，译成一个独立成分。在翻译戏剧中的个性化语言时常会采用这种方法。上述提到，戏剧语言有着鲜明的个性化，而且体现着人物的性格和内心活动，因此在翻译时也要将这种个性化体现出来，以传神地再现原文，同时使译文符合译入语的表达习惯。

例 4 Sampson：Gregory，o'my word，we' ll not carry coals.

Gregory：No，for then we should be colliers.

Sampson：I mean，and we be in choler，we' ll draw.

Gregory：Ay，while you live，draw your neck out o'the collar.

译文 1：

桑普森：葛雷古利，咱们可真的不能让人家当作苦力一样欺侮。

葛雷古利：对了，咱们不是可以随便给人欺侮的。

桑普森：我说，咱们要是发起脾气来，就会拔刀子动武。

葛雷古利：对了，你可不要把脖子缩进领口里去。（朱生豪 译）

译文 2：

洒嵩：喂，力高，我就是这一句话，不栽这个跟头！

力高：自然，我们又不是倒霉蛋，受这种气？

洒嵩：对，不受气，惹起我们的火，我们就打。

力高：（开玩笑）嗯，要打嘛，你有一口气就把你的脖子伸出来挨！别缩着。（曹禺 译）

以上是《罗密欧与朱丽叶》第一幕第一场中的片段，是凯布家的两个家仆的对话。莎士比亚用诙谑俚俗的语言将洒嵩和力高这两个人物的形象生动地刻画了出来，他们那种油腔滑调以及粗俗的对话既让读者了解到凯布和猛泰两个家族之间的冲突，也让读者感受到他们各自的鲜明个性。比较上述两个译文，可以看出，曹译语言地道，行文流畅，没有丝毫斧凿痕迹，将两个仆人的性格以及身份准确地描绘了出来。曹禺准确地把握住了原文的神韵，而且在翻译方法上也做了灵活的处理。例如，“No，for then we should be colliers.”本是陈述句，曹禺却将其进行了拆分，变成了反诘句，生动地体现了人物的性格。相比之下，朱译虽然忠实于原文，但过于平淡，并没有通过生活化的语言来展现人物的鲜明个性。例如，第一句“Gregory，o'my word，we'll not carry coals.”朱生豪翻译成了长句“葛雷古利，咱们可真的不能让人家当作苦力一样欺侮”。这样的翻译虽然简练，却平淡如水。而曹禺拆长化短的译文“喂，力高，我就是这一句话，不栽这个跟头！”更加铿锵有力，而且突出地表现了小人物的鲜明个性。

（四）变通法

戏剧语言有着多样化的特点，而且修辞性极强，因此单一使用某种翻译方法并不能取得良好的翻译效果，此时就要采用变通法，即根据具体翻译情况灵活采用处理方式，以使译文达到最佳的效果。下面以戏剧语言中双关修辞的翻译为例进行说明。

双关是指在一定的语言环境中，运用语音、一个语词或一个句子，同时关联两种不同的事物，表达双重含义，而又言在此，意在彼，也称“多义关联”。使用双关时，字面意义是明确的，而内含意义是暗蕴的。下例中的双关属于表里双关。

例 5 （杜丽娘）：晓妆台圆梦鹊声高，闲把金钗带笑敲。博山秋影摇，盼泥金俺明香暗焦。

译文 1：

Noisy magpies greeted my rising
presage of dream' s fulfillment;
with happy smile I set my gold hair ornaments.
Fragrant smoke mingled with autumn haze,
hopes of gilded placard of success
burned bright as incense glow.（白之 译）

译文 2：

When magpies greet me for my happy dream,
I tap my golden hairpins with a smile.
The incense smoke coils in autumn breeze
And makes me anxious for news all the while.(汪榕培 译)

译文 3：

The chirping magpies are discussing last night's dream:
Smile creeps on my lips as I tap the golden pins.
Autumn wavers in incense smoke.
Yearning for word of success,
My heart burns like the incense sticks.(张光前 译)

在《牡丹亭》中，这出唱词描述的是杜丽娘等待柳梦梅是否高中状元的消息时的焦虑心情。文中的"焦"字是个双关语，一方面它指袅袅燃烧的香烟，另一方面指杜丽娘坐立不安的心情。通过比较三位译者的译文我们可以看出，在同样准确表意的前提下，白译和张译都较长，而汪译相对简洁明了，但在处理双关语时，张译中的"Yearning for word of success, My heart burns like the incense sticks."则更显准确，一个介词 like 就把双关的两种意思都表达出来了，词虽小，但作用大。

（五）省译法

所谓省译法，就是在不损害原文内容的情况下，适当地删减某些词语或成分，以使译文更加简洁，符合译入语的表达习惯。戏剧是在舞台上表演的艺术，在翻译过程中不仅要考虑语言问题，还要兼顾戏剧舞台效果的表现，而这对于译者而言是一个很大的挑战。通常，戏剧语言有着明显的审美性特点，对此译文语言也应该体现出戏剧语言"音义双美"的特点，让台词读来朗朗上口。此时，就可以恰当地使用省译法，即对原文中较长的语言进行简化处理，以使译文读起来更具韵味。

例 6 An hour before the worshipped sun Peer'd forth the golden window of the east.

在尊严的太阳开始从东方的黄金窗里探出头来的一小时以前。(朱生豪 译)

当着东方的太阳还没有从黄金的窗子探出头来。(曹禺 译)

（六）释意法

戏剧语言有时会蕴含丰富的文化因素，对于戏剧一些蕴含丰富文化内容的词汇、句子、习语等，译者往往无法采用其他文学作品所采用的方法——直译加注释法进行翻译。这是因为戏剧演出具有实时性，当观众无法理解台词中的文化内涵时，演员也无法停下来再念一遍。因此，这就需要译者根据汉语的表达习惯，采用释意法进行翻译，也就是尽量使用易于读者接受和理解的汉语文化进行解释，这样在兼顾观众理解的同时，也能使译文产生充分的艺术效果。

例 7 Well，in that hit you miss：she'll not be hit.

With Cupid's arrow ; she hath Dian's wit ;

and, in strong proof of chastity well armed

From Love's weak childish bow she lives unharmed.

你这一箭就射岔了。丘匹德的金箭不能射中她的心；她有狄安娜女神的圣洁，不让爱情软弱的弓矢损害她的坚不可破的贞操。（朱生豪 译）

（沮丧）

不，这一下你恰恰猜错。

爱情的箭射不中她的心，

她有神仙一样的聪明

她把贞洁当作盔甲，

爱情的小弓损伤不了她一丝毫发。（曹禺 译）

在上述例子中，朱生豪将 Cupid 和 Dian 直接翻译为了“丘匹德”“狄安娜”，对于中国知识分子而言，这样的翻译并不难理解，但对于广大普通受众而言，理解起来却有一定的难度。曹禺通过释意法将它们翻译为雅俗共赏的“爱情的箭”“神仙”，这样虽然有损原文文化，但有利于广大观众理解和接受，也更利于戏剧效果的表达。

上述介绍了多种方法，但戏剧的翻译方法远不止以上几种，译者在具体翻译过程中可根据实际情况灵活采用翻译方法，以有效传达戏剧艺术的精髓和魅力。

第四节　诗歌的翻译

一、诗歌翻译的原则

诗歌外在形式独特，音韵节奏突出，意境生成方式多样，蕴含丰赡。诗歌的这些区别性特征均带有鲜明的审美性，因此在诗歌翻译实践中，再现诗歌的审美艺术性需遵循如下原则。

（一）音美

诗歌最讲求音乐性。中外诗歌，无论是传统的格律体，还是现代的自由体，均对诗歌语言音韵、节奏有着自觉的追求。格律体诗外在的音乐性更显突出，自由体诗内在的音乐性更趋自然。诗歌外在与内在的音乐性并不是刻意而为的，它们均有效地表征着诗歌的情感律动与意义传达，简言之，便是“音义合一”与“音情合一”。因此，翻译中讲求“音美”就是要忠实传达原作的音韵、节奏、格律等方面所表现的美感，使译文“有节调、押韵、顺口、好听”。

中西诗歌的音韵表意系统彼此不同，但以汉诗的“平仄”或“停顿”以及韵式来对应并传译英诗的“音步”与韵式，反之亦然，也是使译文取得与原作相似音美效果的有效途径。

（二）形美

诗歌的外在形式最为醒目。诗歌翻译中，形美一方面是指要保存原诗的诗体形式。诗体形式有定型形式（closed form）与非定型形式（open form）之分，前者对字数或音节数、平仄或音步、行数、韵式等均有较为严格的要求，体现出鲜明的民族文化特性。后者虽不受制于一定的诗体形式，但其呈现的外在形状（shape）却表征着诗情的流动与凝定。在这一意义上，传达形美也意味着传达原作所具有的文化特性与诗学表现功能。形美另一方面是指要保持诗歌分行的艺术形式。诗作中诗句是采用一行之内句子语义完整的煞尾句诗行，还是采用数行之内句子语义才可完结的待续句诗行，虽无一定之规，但不同的诗行形式演绎着不同的诗情流动路径，昭示着作者不同的表情意图。

（三）意美

意美是指译诗要和原诗一样能打动读者的心。意美的形成是一个作者、文本、读者共同参与的过程，也就是说，是一个作者赋意、文本传意、读者释意的共生体。作者之意或在文本语义之中，或在文本艺术结构之上；读者释意或基于文本语义，或基于文本艺术结构的意蕴生发。因此，意美的传达包括以下几个方面的内容：①忠实地再现原诗的物境，即诗作中出现的人、物、景、事；②深刻反映原诗的意境，即诗作中所蕴含的诗人的思想、意志、气质、情趣；③使译文读者得到与原文读者相同的意境，即读者基于诗作的“实境”在头脑中产生的想象、联想之“虚境”。因诗歌创作的艺术不尽相同，有的诗作具有这三个方面的意美特色，有的只是某些方面的特色更显突出，翻译实践中需具体情况具体对待，有的放矢。

二、诗歌翻译实例

诗歌的翻译是译学界的难登之峰，诗歌翻译的标准也存在诸多争议。说明科学派重“真”或“似”，艺术派重“美”，西方学派多数评论家重“等”，中国学派部分译家提出“优”，即发挥译语优势。我国著名的翻译家许渊冲提出了“再创论”以解决诗歌翻译的争议和难题。

中国诗歌领域的发展巅峰是唐朝。许渊冲指出：“如果说 20 世纪是美国世纪的话，那么，19 世纪可以说是英国世纪，18 世纪则是法国世纪。再推上去，自 7 世纪至 13 世纪，却可以说是中国世纪或唐宋世纪……”在这政治制度先进、经济繁荣、文化发达的 600 年间，创造出了世界上难以企及的灿烂文化，其中唐诗宋词就是其中最为瑰丽的珍宝。诺贝尔文学奖评委会前主席埃斯普马克曾说过：“世界上有哪些作品能与中国的唐诗和《红楼梦》相比的呢？”

唐诗翻译的著名译者包括英国汉学家翟理士和韦理，翟译的韵文唐诗是那个时代无可比拟的，韦理的自由诗或散体翻译形式是为了弥补用韵因声损义的缺憾，并因此引起了诗译散体与诗体或者说是真与美的争议。以李白的《送友人》为例：

青山横北郭，白水绕东城。
此地一为别，孤蓬万里征。
浮云游子意，落日故人情。
挥手自兹去，萧萧班马鸣。

译文 1：

Green hills range north of the walled city.
The White River curves along its east.
Once we part here you'll travel far alone,
Like the tumbleweed swept by the autumn wind.
A floating cloud—a wayfarer's feeling from home,
The setting sun—the affection of an old friend.
Waving adieu, as you now depart from me,
Our horses neigh, loath to part from each other.①

译文 2：

Blue mountains bar the northern sky;
White water grids the eastern town.
Here is the place to say goodbye; ;
You'll drift like lonely thistle down.
With floating cloud you'll float away;
Like parting day I'll part from you.
You wave your hand and go your way;
Your steed still neighs, "Adieu adieu!"②

比较两种译义，可以说第一种更重真，第二种更重美；第一种更形似，第二种更神似。自然，真和美是相对而言的，往往可以仁者见仁，智者见智。如以第一句而论，"青山"二字，译文 1 译成绿色的小山，译文 2 译成蓝色的大山；"北郭"二字，译文 1 是城郭的北面，译文 2 是北方的城镇。译文 1 是近景，译文 2 是远景。全句最重要的是动词"横"字，译文 1 选择了 range，为"排列"之意，重的是"真"；译文 2 选择了 bar，意为"横木"，作为动词，意为"像横木一样横在天边"，这个词形象生动，气势雄伟，合乎李白的诗风；加上英国诗人济慈在《秋颂》中用过这个词形容云彩，用在这里，更使全句诗意盎然，甚至有画龙点睛之妙，可见译文 2 偏重的是美。

原诗头两句，"青山"对"白水"，"北郭"对"东城"，具有平衡的形美。译文 1 要

① 姜治文．外语教学与研究 [M]. 成都：电子科技大学出版社，1999：42.
② 刘路伟．中英诗歌特点对比 [J]. 校园英语，2015（1）：199-200.

求真，“青山”的译文只有两个音节，“白水”有四个，这就不如译文 2 对称；“北郭”和“东城”的第一种译文不平衡，没有传达原诗的形美。更重要的是动词“绕”字，译文 1 译成“curve”，作为名词，是“曲线”的意思，作为动词，是“呈曲线形”的意思，它是几何教科书中的术语，读起来有测量地形之感，未免太煞风景；译文 2 求美，用了“grid”一词，使人如见一衣带水的形象，比译文 1 更富诗情画意。

原诗第一、二句写景是“起”，第三句“此地”二字是“承”，“为别”二字转入叙事，全句是时空状语从句，第四句才是主句，转为写情。译文 1 把三、四句合译，把“万里”浅化为“far（远）”，“孤”字等化为“alone（孤独）”移到第三句；第四句译文只把“蓬”字等化为“tumbleweed”，却把“征”字深化为“swept by the autumn wind（秋风横扫）”。这首诗是李白送崔宗之而写。“崔家在群山之南，邀李同往，李因急于回家未从。李送走崔……”友人的离开并不是背井离乡，用秋风扫落叶并不恰当。译文 2 的第四句借景抒情，把友人比作要“万里征”的“孤蓬”，惜别之心已经形象化了，可以说意美胜过译文 1。至于音美，译文 1 没有押韵，各行音节数目不等，有长有短；译文 2 隔行押韵，每行八个音节，全部为抑扬格音步，并未因声损义。

全诗的五、六句是高潮，是抒写离情别恨的妙句，借景写情。诗中把惜别之心形象化为浮云和落日，更显依依不舍。译文 1 把“意”译成“feeling”，把“情”译成“affection”，较忠实于原文。但“情”“意”是单音节，在诗词中常用，所以具有一种情韵美或意美。译成英文的对等词，因为在英诗中不如在中国诗词中常用，不能达到情韵的美感。

最后一句两种译文的区别在于两匹马和一匹马，两马不如一马黯然销魂。“萧萧”字译文 1 是难舍难分，马犹如此，人何以堪；译文 2 重复了 adieu（再见），两种译文都以各自独特的方式凸显了离别意境。

中西方的语言虽然存在一定的差异，但在很多情况下，二者的表述具有很多相似点。这两种不同的语言在翻译诗歌时无法同时做到美学对等和语义对等，因此，译者在翻译诗歌时，应最大限度地追求其形式结构及内容在不同语言中的近似。译者可以适当采取直译的方法，翻译其中文化重叠的信息；也可以采用意译的方法，翻译其中文化平行（即不同语言对同一事物有不同的联想）的事物，也可以使用译出语中对应的意象词替换文化平行的词语；译者需在译出语缺少对等表达时，从译入语文化中理解其中的内涵意义，将译文中缺失的部分填充完整；译者需在原文内容混乱、表述不清时，结合自身对译文的理解，重新释义，给诗歌赋予神韵。

练习题

（一）散文翻译

1. 燕子去了，有再来的时候；杨树枯了，有再青的时候；桃花谢了，有再开的时候。但是，聪明的，你告诉我，我们的日子为什么一去不复返呢？（朱自清《匆匆》）

2. 普之仁领我穿着茶花走，指点着告诉我这叫大玛瑙，那叫雪狮子，这是蝶翅，那是大紫袍……名目花色多得很。后来他攀着一株茶树的小干枝说："这叫童子面，花期迟，刚打骨朵，开起来颜色深红，倒是最好看的。"（杨朔《茶花赋》）

（二）小说翻译

1. 胡闹胡闹！我要结婚呢，早结婚了。哎，"曾经沧海难为水"！（钱钟书《围城》）

2. 屋里呢，他越来越觉得虎妞像个母老虎。小屋里是那么热，憋气，再添上那个老虎，他一进去就仿佛要出不来气来。（老舍《骆驼祥子》）

（三）戏剧翻译

吴祥子：逃兵，是吧？有些块现大洋，想在北京藏起来，是吧？有钱就藏起来，没钱就当土匪，是吧？（老舍《茶馆》）

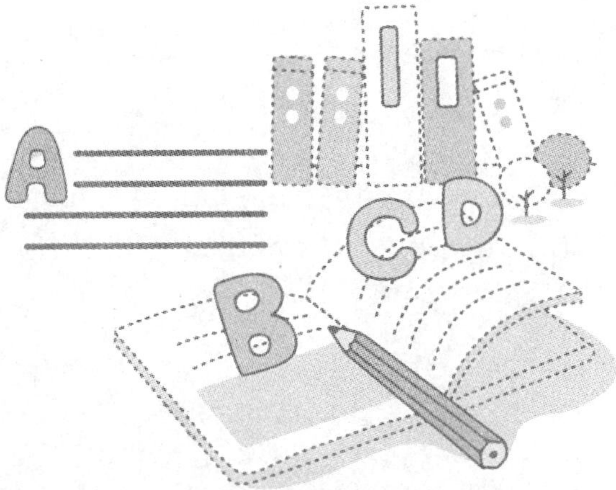

第八章　应用翻译案例

第一节　商务翻译

一、商务翻译现状

商务翻译，顾名思义，是在商务活动中产生的翻译行为。对直接或间接与经济利益的丧失或获取密切相关的文本进行的翻译，都可以归纳为商务翻译。

商务翻译一直存在一些问题，具体体现在以下几点：

（一）词汇的翻译

在商务英语翻译中，经常会遇到英语文化中特有而汉语文化中不存在相应概念的词汇。其次，商务英语翻译中的一个难点便是专业词汇的翻译。

（二）语用方面

从语用方面看，一个民族的语言表达习惯和词汇体系与另一个民族的语言表达习惯及词汇体系是不同的。在商务活动中，交际双方在称呼、问候、邀请等言语行为的表达方式上都会有所不同。

（三）商务文本中文化负载词的翻译

由于社会制度、文化背景、风俗习惯、宗教信仰等很多方面都存在着不同，汉语的词汇无法完全对应商务英语中的词汇，只有一部分能够与之对应，导致词汇空缺。文学翻译及其他普通文本类型的翻译涉及的内容比较常见，其中涉及的专业的知识很少，只要译者对译入语文化有一定的客观了解，就能够运用各种翻译技巧将其成功翻译出来。而商务翻译与之不同，商务英语中含有较多的专业词汇，这需要译者掌握一定的商务知识，了解商务英语在各种场合、各种情况的特点，从而完成商务翻译活动。

二、商务翻译标准

由于商务英语翻译的复杂性，一般的翻译标准或原则无法完全套用于商务翻译领域。

刘法公提出“忠实（faithfulness）、准确（exactness）、统一（consistency）”的商务翻译标准。商务翻译的“忠实”与文学翻译中的“信”相比相对宽松，“它不涉及原文与译文之间的结构、喻象、正反与反正表达、词汇的轻重程度，只要求译文必须正确传递原文信息，要求原文读者获得的信息与译文读者获得的信息等值”。“准确”原则是指“译者在将原文语言内容转换到译文语言内容的过程中选词准确，做到概念表达确切，物与名所指正确，数码与单位精确”。“统一”就是“汉英翻译过程中译名、概念、术语在任何时候都应保持统一，不允许将同一概念或术语随意变换译名”。①

李明提出“忠实（faithfulness））、地道（idiomaticness）、一致（consistency）”的商务翻译原则。他指出，“忠实”是指译文所传递的信息不能同原文所传递的信息走样，也就是说要同原文的信息相吻合，或者说要保持同原文信息的等值；“地道”是指译文的语言和行文方式都要符合商务语篇的语言规范和行文规范，也就是说，译者所给出的译文读起来应该像是内行的人用译语写成的文章，其中的术语、表达等都应该符合商务语篇的要求。对于“一致”这一原则，他借用了刘法公关于“统一”的理解。②

三、商务翻译方法

商务翻译除了直译法和意译法，常用的具体翻译方法包括增译法、省译法、词性转换译法及改译法。

例 1　兹奉告，该商品可即期装运。

We take this opportunity to inform you that we are now in a position to make prompt shipment of the merchandise.

例 2　客户每次存款、取款时都需带上存折，并填写存款单或取款单。

For a transaction, the customer needs his passbook and fills out his deposit or withdrawal slip.

例 3　等你方全面了解了我方产品时，我们再进一步洽谈合同事宜。

We can discuss the details of contract when you have a thorough knowledge of our products.

上面的实例分别运用了增译法、省译法、词性转换译法，这些常见的方法套用在商务文本中，和其他文本的用法没有太大区别。改译法是商务翻译中的特殊用法，需要具体分析。

文学作品的主要传播方式是全译，然而艺术欣赏的形式多种多样，有些民族的读者会在不满足于阅读全译本的时候产生改造的念头。在改编的同时，对形式、内容和风格进行改变，这种有改有译的创造性地处理原语作品的方式，就是改译。

商务英语改译的原因主要是中英语言形式的差异。“英语表达客观具体，突出信息功能，而汉语讲究以言感人，偏重呼唤功能；英语强调用户至上，消费者利益高于一切，多用第二人称表达，而汉语突出企业至上，但惯用第三人称表达，以树立其形象，博得用户信赖；英语行文简洁，便于记忆，而汉语表达夸张，充满评述性的话语。”改译有度，并不是肆意妄为。

改译是对原作有所改变的翻译，是根据特定要求，改变原作形式或部分内容甚至原作风格的方式，是归化处理的一种手段。所谓的改译的度就是要满足文本的功能和目的以及目的语读者的要求。

---

① 刘法公，宋海玲．现阶段高校商务英语专业建设面临的形势与任务——专访全国高等学校商务英语专业教学协作组副组长刘法公教授 [J]. 商务外语研究，2019（1）：1-6.

② 王春霞．汉英翻译主位推进模式处理策略 [J]. 宜春学院学报，2019，41（7）：74-81.

例 4 “快速反应、马上行动、质量第一、信誉至上”是公司的宗旨。我们将以客户的需求为发展动力，为用户提供满意的产品及优质的服务。

译文 1：Our tenet is “Quick reflection，immediate action，quality first，reputation first”. We will be always pursuing what you need and provide you with satisfactory products and top-notch service.

译文 2：We will offer you our products and services to your every satisfaction with promptness，quality and credit.

译文 1 为全译，是异化的表现。原文模式是典型的汉语表达习惯：四字词语、大谈宗旨，这是企业文化，对企业人而言是很重要的信息，然而对于客户来说则不尽相同。因为客户关心的是公司或企业能为我提供什么，以客户为定位的翻译方式比以自我即企业为中心的方式更能抓住客户的心。所以毫无疑问，译文 2 满足了这个要求，行文简洁但信息清晰，在字里行间也反映了公司的企业文化。

改译是在翻译基础上提出的更严格的翻译要求，不是任意改变原文。想要做好改译工作，译者必须要有大量的全译经验，有根据社会对翻译提出的新要求进行改译的能力。

商务翻译不仅包括翻译活动，还包括商务活动商务翻译要求译者不仅有深厚的翻译功底，还要求译者掌握一定的商务知识，了解很多专业的商务术语，掌握商务用语的使用方法，保证译文的专业和地道。

第二节　法律翻译

一、法律语言

法律文本就是具有法律效力的文本，包括法律法规、契约、合同等，赋予了面对对象的义务、权利以及违背规则须接受的惩处措施，对面对对象的行为起规范、约束的作用。起草法律文本的相关人员必须对法律有深刻的认知，能够用精准明确的文字和简练严谨的语言词汇将法律赋予的权利、义务、约束、限定等表现出来，从各方面完善其限定范围和各种附加条件，使其具备权威性，具备强劲的约束力量。

法律语言目前还普遍存在非大众化的局面，无法被大众接受，但是从学科发展角度已经提出了法律语言学的新兴学科，证明法律语言的大众化成为趋势，也对法律翻译的研究提出了新的理念。吴伟平对翻译的重要性提出了自己的看法：“凡有双语现象的地方，都有可能因为语言问题而引起法律问题……法律翻译是保证法律面前人人平等的一个工具。”[①]

① 郝志伦．法律语言学的现代视野 [J]. 中国图书评论，2005（7）：23-24.

二、法律语言的特点

（一）词汇特点

法律用词精确、严密、无歧义。法律词语分为法律术语、司法惯用语、文言词语和普通词语四类。基本上分为单义词和多义词。所谓单义词就是不随着语境变化，始终依附词汇，可以与语句分离，具有不必推导和取消特点的词语，如“仲裁”“寻衅滋事罪”等。多义词指的是与语境相关，随语境变化而产生多种含义的词语，这在各个领域包括法律领域运用最为广泛。法律文件慎用代词以避免误解和歧义，只有在被指代词为中性词并不会造成误解且不用代词会造成累赘感的前提下，才可以使用代词。除代词问题外，法律中的名词在英语文本中、动词在汉语文本中的使用频率最高。

（二）句法特点

法律文本基于法定程序具备不容置疑的法律效力，具有权威性，因此语言客观，在众多句式中陈述句是最佳的表现形式。陈述句能详尽完整地传达信息，且表达形式完整。客观性的另一种表现形式就是避免具有感情色彩的主语的出现，因此较多地使用被动语态。

法律句式中长句和平行结构突出。杜金榜指出：“立法语言语句的信息量大，其中一个原因是使用平行罗列结构的方法表达详尽的内容……立法语言还常使用句内分条平行罗列的结构。”① 英汉相较，英语长句多于汉语。

（三）篇章特点

法律语篇的语用特点是语言的法律效力，这就决定了法律的篇章特点要根据不同类型和功能决定。英汉两类语篇都是由描写性成分过渡到规定性成分、由颁布命令和 / 或前言过渡到具体条文，其结构层次分明，都是采用从宏观到微观、从总论 / 总则到条文、从重要条文到次要条文的语篇结构。

法律文本使用频率最高的方式是记叙、议论和说明三种。一般而言，记叙的方式是表达事实，议论的方式是阐述理由，说明的方式是介绍当事人。

三、法律翻译的原则

到目前为止，第一章谈及的翻译原则中相对适用于法律翻译的是目的论，但无法完全适用。李克兴提出了法律翻译的六原则：①准确性和精确性；②一致性和同一性；③清晰和简练；④专业化；⑤语言规范化；⑥集体作业。

亨利 · 沃夫（Henry Weihofen）阐述了法律文本准确性和精确性的重要性：律师应该比其他任何人都要更准确地行文。多数作者可以期待忠实的读者，即真诚期望理解原文的

---

① 杜金榜 . 语篇信息分析：多模态语篇分析难题的解决方法 [J]. 中原工学院学报，2015，26（2）：17-23.

人。但是律师在行文时要时刻警惕不忠的读者，包括在合同中找漏洞，在无法履行合同职责时避责的人；遗嘱方面以违背立遗嘱者的意愿的方式误读遗嘱的人；误读法律条例使自己避责的犯罪被告；以及为了自身利益扭曲字间含义的人。[①] 一致性是指使用同一词汇表达同一法律思想，一致性指的是同一文本中的用词应保持一致。诚如亨利·沃夫强调，精确性要求重复同一个术语表达同一个含义，只要用词得当，重复使用也无可厚非，因为许多时候为了避免重复反而比重复更容易毁掉一个句子。

简练不代表允许使用日常用语进行翻译，因为翻译时还需保证译文的专业性，保证其具有的法律效力。然而，目前法律翻译的专业度还达不到理想标准，也就是专业化。专业化要求翻译人员将法律翻译作为专项职业，具备深厚的语言功底和系统的法律知识素养，避免翻译过程中使用外行话或产生语言漏洞，真正成为专业的法律翻译。如“不可抗力”专业地道的译法为“force majeure”而不是“irresistible force”。

法律文本的书写要慎用被动语态、外来词、重复词、缩略语等，要使用规范化语言即书面语，避免使用方言和俚语。

集体化作业则是借鉴翻译公司的操作模式，这是趋势也是必然。具体而言，翻译程序为主译—主改—主校—终审四个步骤。

第三节　广告翻译

一、广告的定义及功能

广告通常是为满足某种宣传需要，使用媒体向大众公开传达相关信息的一种宣传手段。广告具有传递信息和引导思想价值观念的功能。广告分为广义的广告和狭义的广告，广义的广告就是非经济广告，也就是不以营利为目的的广告，多为政府发布的声明、启事、公告等，主要目的是通知、提醒、警示等；狭义的广告是经济广告，也就是以营利为目的的商业广告，由经营者发出，宣传主体是商品，面对对象是全体消费者，商业广告是企业抢占市场、提供服务或销售产品进而获得更大收益的重要渠道。

经济广告具有自身的语言特点和文体规约，同时具备情感诱导功能。根据功能理论，广告属于诱导型文本，应突出“诱导”功能。广告策划是为了“影响一个群体去参与一个特定的行为”(plan to influence a group of people to engage in a particular behavior）的过程，“商业广告是一个相当突出的语言劝说功能的典型，因而翻译中必须充分认识到，它的劝说功能要优先于描写功能”。广告的语言和形式的特点是大众性、商业性和时代性，“更

① 陈阳．法律文本的特点和翻译原则[J]. 品牌（下半月），2014（9）：130.

准确地说，广告应有吸引力和诱惑力，使其表达符合大众品位和大众文化心理”。①

马谋超就提出广告诱导的重要性及公式：刺激（广告信息）—感觉（视听觉）—知觉（一般综合感觉）—联想（联系实际）—情感（对广告文体产生的好恶评价）—动机（购买动机）—行为（购买行为）。这与广告制作中公认的心理效果指标的ADMA公式互为照应。AIDMA= Attention（产品引起的关注）—Interest（消费者对产品的兴趣）—Demand(消费者的需求)—Memory(消费者对产品的良好印象)—Action(激发购买行为)。从上面的两个公式可以看出广告的情感诱导功能对广告的翻译至关重要，因此广告翻译中的语言形式应顺从文本的非语言目的，“译者偏离原文内容和形式的现象不可避免地会比其他类翻译更多一些”。这就需要译者对原广告文本进行解构和重组，用符合译文广告文体的规范和符合读者期待的语言形式传达原广告的意图及功能，有效地实现广告宣传并激发消费者的购买欲望。②

二、广告的特点

英语广告通常具有用词简洁、表达生动的特点，常用短小的动词、形容词表现产品特点，多用比较级词语甚至最高级词语强调产品特点。英语广告句式多为口语化句式，省略句式以及并列句式的使用频率高于复合句式。英语广告在表述上使用亲民的风格将产品的特点描述出来，从情感上拉近与消费者之间的距离。汉语广告相对来说使用了更加华丽的语言描述产品，宣传语音调昂扬，注重情感召唤，对消费者的情感呼唤多于产品详情的介绍和宣传，客观描述产品功能、质量的宣传词语相对较少。

三、广告翻译策略

英汉广告虽然有所差异，但目的相同，把握各自的语言和风格特点，按照参与方的要求，适时作出调整和改写是汉语广告翻译的必然。

汉语广告本身不失好的作品，如“心静、思远、志在千里”（别克汽车），“苦苦的追求，甜甜的享受”（伊利雪糕）、“清香一缕，养生百年”（福鼎白茶）。但外翻作品却呈现良莠不齐的现象。

处在世纪之交的×××铁路车辆（集团）有限责任公司，*正在奋力实现“再现国家队雄风、再造新世纪辉煌、再为社会主义增光”的宏伟意愿，朝着“发展规模集团化、产品品种系列化、市场营销国际化、经营格局多元化、企业规模现代化”的目标迈进*。公司将一如既往地坚持“信誉第一、用户至上”的宗旨，不仅以更多的高质量、高品位、高档次的新产品满足市场，而且以良好的作风，为广大用户提供一流的全过程的服务。

原译：At the turn of the century，×××Railway Rolling Stock（Group）Co Ltd. adhering

① 孙帅生．广告语的语言特点及翻译方法[J]. 南国博览，2019（9）：54.

② 马谋超．新时代下的广告业 是机遇也是挑战[J]. 声屏世界·广告人，2018（2）：52.

as ever to the principle of prestige first and client first, is now marching confidently with the lofty goal in his heart of development on a group scale, seriated product structure, multichannel business scope, international market-oriented marketing strategy and modern enterprise administration to represent the national top level and to create another brilliancy. The company will provide friends both at home and abroad in an admirable manner with more state-of-the-art quality products and customer-satisfied whole-process service.

改译：At the turn of the century, ××× Railway Rolling Stock（Group）Co. Ltd. is striving hard with confidence towards a global-market-oriented group enterprise well developed in management, marketing and product series focusing on clients and credit, we will continue to provide our customers with high quality and advanced products as well as our cover-all service.

原文中斜体部分具有汉语广告的典型特色，属于口号型宣传，如果照搬翻译，会让英语读者产生空洞、不切实际之感，更让人无法领会其意。因此译者应首先了解宣传文字的意图并进行甄别，从而给出引起读者共鸣的译文。改译译文将文中的中心意图明确译出，化虚为实。译文作出了调整和删减，但不意味着乱砍滥伐，而是将原文看作提供信息、形成构筑文本信息的起点，遵循目的论原则，重点放在信息的传递上。

可以看出在处理广告文本之前，要先对文本作出分析，把握信息的核心；之后与服务对象实时沟通，确定好信息重心，然后进行适当的改译，这样既达到了翻译的目的，又减少了译者的翻译负担。下面就以一段涡阳苔干的广告为例，探究广告翻译的步骤和策略：

涡阳苔干——中国特产

涡阳苔干，名优特产，驰名中外，声震古今，翠绿、鲜嫩、可口，有“天然海蜇”“健康食品”之称；乾隆年间奉献皇宫，故又名“供菜”。本品含蛋白质、可溶性糖、果胶、多种氨基酸、维生素 B_1、B_2、C和胡萝卜素及钾、钠、钙、铁、磷、锌等十余种矿物质，有清热降压、通经脉、壮筋骨、去口臭、解热毒酒毒及治疗心脏病、消化不良、贫血诸功效；畅销中国各地，远销日本，为下厨及馈赠佳品。

本品食前需水泡发展，去洗净，开水焯过，凉滤备用。单盘与拼盘均可，以肉配炒，风味尤佳。温凉自便，咸甜酸辣皆宜。

原广告文本的描述风格颇具中文特色，中国人讲究药膳，一种食品仅用来食用略显普通，但一旦结合药效及名人效应，便有了特殊的功效。然而对于国外读者而言，化学物质、中药术语及药效（清热降压、通经脉、壮筋骨、解热毒酒毒）略显晦涩，其中“解酒毒”更容易造成误解，因为酒在西方人看来是健康的饮品，何来“毒”呢？因此过分强调生理调理因素就显不妥，换言之，需要保留原文商品中诱导功能的信息，如口感、知名度及功效，按照“情景—结构”的模式重构译文。许建忠给出了如下译文（有改动）：

Guoyang Taigan (Dried Plant Jellyfish)

A Specialty of China

Guoyang Taigan, a time-honoured specialty known both at home and abroad is jade green in color and delicious in taste. It is also named "Plant Jellyfish" or "Health Food", and was chosen as a tribute to the imperial palace in the Qing Dynasty. It is very nutritious and good for health, especially for those who are suffering from heart failure, indigestion and anemia. It sells well in China and Japan. Taigan can be served as a cold dish with different flavorings or stirfried with meat after being soaked, cleaned, cut and scalded.

总之，广告翻译策略除了基本的音译（商标品牌多用此法）、直译、意译以外，还可以选择套译、改译、创译等方法，从营销心理学出发，达到广告的诱导功能。

第四节　旅游翻译

一、人名、地名的翻译

（一）人名的翻译

1. 国际标准

中国有一套中文姓名英译的国际标准——以汉语拼音作为英译规则。中文姓名翻译成英文时，按照汉语拼音来写，姓氏和名的首字母要大写，名字拼音要写在一起。如“李雷”和“韩梅梅”翻译为英文分别是“Li Lei”和“Han Meimei”。

2. 名人的固定英文译名

一些中国科学家、学者等知名人士，则使用其固定的英文译名，如“孙中山”英译名称是“Sun Yat-sen”。

3. 自起英文名 + 姓

很多演艺圈、经济圈、文化圈等的名人，会给自己起一个英文名，再加上自己的姓氏音译，如 Jack Chan（成龙）。

（二）地名的翻译

地名的英译较为复杂。用汉语拼音字母拼写中国地名，不仅是中国的统一标准，而且是国际标准，全世界都要遵照使用。

1. 专名是单音节的英译法

专名是单音节，通名也是单音节，这时通名应视作专名的组成部分，先音译并与专名连写，后重复意译，分写。例如：

恒山 Hengshan Mountain

淮河 the Huaihe River

渤海 the Bohai Sea

2. 通名专名化的英译法

通名专名化主要指单音节的通名，如山、河、江、湖、海、港、峡、关、岛等，按专名处理，与专名连写，构成专名整体。例如：

都江堰市 Dujiangyan City

绥芬河市 Suifenhe City

白水江自然保护区 Baishuijiang Nature Reserve

3. 通名是同一个汉字的多种英译法

通名是单音节的同一个汉字，根据意义有多种不同英译法，在大多数情况下，这些英译词不能互相代换。例如：

（1）mount：峨眉山 Mount Emei。

（2）mountain：五台山 Wutai Mountain。

（3）hill：象鼻山 the Elephant Hill。

（4）port：牛尾海 Port Shelter。

（5）forest：蜀南竹海 the Bamboo Forest in Southern Sichuan。

在某些情况下，根据通名意义，不同的汉字可英译为同一个单词。如“江、河、川、水、溪”英译为 river。例如：

嘉陵江 the Jialing River

永定河 the Yongding River

古田溪 the Gutian River

4. 专名是同一个汉字的不同英译法

专名中同一个汉字有不同的读音和拼写，地名中这样的汉字有七八十个之多，每个字在地名中的读音和拼写是固定的，英译者不能一见汉字就按语言词典的读音和拼写翻译，而应按中国地名词典的读音和拼写进行翻译。例如：

陕西省 Shaanxi Province

陕县 Shanxian County

洞庭湖 the Dongting Lake

洪洞县 Hongtong County

六合区 Luhe County

六盘水市 Liupanshui City

5. 以人名命名的地名英译法

以人名命名的地名英译，人名的姓和名连写，人名必须前置，通名后置，不加定冠词。这种译法多用于自然地理完全地名，但有例外。例如：

张广才岭 Zhangguangcai Mountain

郑和群礁 Zhenghe Reefs

如果以人名命名非自然地理实体地名，姓和名分写，人名按习惯用法前置或后置，大致有以下三种译法：

（1）人名 + 通名。

黄继光纪念馆 Huang Jiguang Memorial

（2）人名’s+ 通名。

中山陵墓 Sun Yat-sen’s Mausoleum

（3）the+ 通名 +of 人名。

昭君墓 the Tomb of Wang Zhaojun

6. 地名中的符号不能省略

地名中的符号如果省略就会造成读音甚至语义错误。地名中有两种符号不能省略。

（1）a、o、e 开头的音节连接在其他音节后面的时候，如果音节的界限会混淆，就用隔音符号，所以地名中的隔音符号不能省略。例如：

（陕西）西安市 Xi’an City（如果省略隔音符号，就成为 Xian，可以读成仙、先、现、限、鲜、险、县等）

（广西）兴安县 Xing’an County（如果省略隔音符号，就成为 Xingan County 新干县，在江西吉安地区）

（2）汉语拼音行的韵母跟声母 n、l 拼的时候，ü 上面的两点不能省略。如果省略，就会造成误解。例如：

（山西）闾河 the Lühe River（如果省略 ü 上面的两点，就变成 the Luhe River 芦河，在江西）

二、景点介绍的翻译

随着我国的日益强大，国际地位越来越高，我国对外开放的程度日益扩大，更多国际友人对中国文化充满了好奇，入境旅游的外国人急剧增多，由此，中国旅游文化资料的翻译日益重要。旅游景点原有的中文介绍常常根据各地人文历史引经据典，一般用词考究，富有文采，因此，旅游景点介绍的翻译有一定难度。

（一）中文旅游景点介绍的翻译

精良的旅游英语翻译能够迎合旅游者的文化品位，也能突出中国旅游业的特色与吸引力。在英译旅游景点介绍资料时，需要注意以下问题。

1. 不同语言习俗对旅游资料翻译的影响

对比中英旅游景点介绍文字材料可以发现：汉语多写实得意，英语常写意传情。

例如：“三潭印月、湖心亭、阮公墩三个小岛鼎立湖中。”

译者将它译为：The three islands named “Three Pools Mirroring the Moon”，“the Midlake Pavilion” and “the Ruangong Mound ” stand in the Lake，adding much charm to the scene.

中文资料中“鼎立”一词看似写实，实则写意，因为三个小岛的位置不一定像青铜器里的鼎一样，只是从中国人的审美眼光来看，“三足鼎立”是一种美感，而译文并没有刻板地直译，而是用分词短语 adding much charm to the scene 传达了原文隐含的信息，从而达到写意传情的目的。

2. 不同语言特点在翻译中的处理与应用

汉英是两种不同的语言，二者既有共性又有区别，因此在翻译时要充分注意两种语言的特点。

（1）深刻理解语言材料。

例如，下面介绍杭州天气的句子“杭州的春天，浓妆艳抹，无不相宜；夏日荷香阵阵，沁人心脾……”可译为“Sunny or rainy，Hangzhou looks its best in spring. In summer，lotus flowers bloom.”。其中“浓妆艳抹”译成“Sunny or rainy”，显然出自苏轼的诗“水光潋滟晴方好，山色空蒙雨亦奇，欲把西湖比西子，淡妆浓抹总相宜”。这就是所谓的“互文意义”。如果不熟悉这首诗，自然不能领会“淡妆浓抹”的意味，在翻译时免不了会闹笑话。

（2）注重译文的“可接受性”。

有时候译文准确无误，但是外国游客由于不了解相关文化背景，所以造成理解障碍，导致译文可接受性不强。

例如，在介绍绍兴的文字中有这么一句话“绍兴是越瓷的产地”，按照字面理解，译成 Shaoxing is the home of Yue porcelain 即可，但是外国人不懂什么是越瓷，读了这句话无法产生预期的共鸣。因此，有必要添加解释性句子，译成“Shaoxing is the home of Yue porcelain.Yue is a state name used to refer to the Shaoxing region in ancient China.”这样一来，外国游客就对中国历史多了几分了解，自然理解上容易了些。

又如“刘备章武三年病死于白帝城永安宫，五月运回成都，八月葬于惠陵”。“章武三年”到底是公元多少年，中国人都不太熟悉，何况对中国文化不了解的外国游客。因此，译者将它译为“Liu Bei died of illness in 223 at present day Fengjie county，Sichuan Province，and was buried here in the same year.”直接换算成公元纪年，扫除交流障碍，方便外国游客，增强了译文的可接受性。

（3）注意文化差异。

语言是民族文化的外化表现，不同的民族文化导致了语言的差异。因此，在翻译介绍旅游景区的资料时，需要考虑不同民族文化的差距，接受并遵守交际规则，避免发生文化冲突。例如，中国人注重自身的感受，重视意象美，而西方人注重逻辑，用理性思维感知周围事物，这种差异导致了语言从形体到语法功能都大不相同。

汉语介绍景点时，常用“天下第一”的字眼，往往并不是真的说该处风景是天下第一，而是一种夸张的表达，言其超凡脱俗、引人入胜。这种说法如果译成英语，就要注意不能译成No.1，因为外国读者由于重理性与逻辑，往往会较真。如位于缙云县的鼎湖峰号称“天下第一峰”，就不能译成“No.1 peak in the world”，否则很可能招到外国游客的质疑。

（二）中文旅游景点介绍的翻译技巧

1. 增添法

由于中国历史悠久，文化底蕴非常丰厚，外国游客并不能深入了解中国各个景点背后的人文历史，因此在翻译旅游资料时，有必要对翻译资料适当做些删减，对一些内容做出一些解释，帮助外国游客更加了解中国景点的风土人情，激发外国游客的旅游兴致。

例如，在介绍桂林风土人情的文章中，把“三月三节”翻译成“San Yue San Festival”还不够，因为外国游客对此一无所知，不能唤起他们的兴趣和共鸣，所以应加上适当的解释，如译成：

The festival usually takes place on the third day of the lunar third month, when minority people, especially the young get together for folk song contests to make friends with each other.

外国人对景点名称不一定感兴趣，但可能会想了解取名的由来。所以有些译名适当加上一些解释，可以引起游客的注意和兴趣。

例如，“骆驼山”“Luo Tuo Hill”可做些解释“It shapes like a camel, hence the Camel Hill.”；“象鼻山”译为“Xiangbi Hill or the Elephant Hill (The hill bears resemblance to an elephant dipping its trunk into the river. Hence the name.)”。

2. 删减法

在翻译介绍性质的资料时，应满足外国游客的阅读需求，激发外国游客的旅游兴趣。国内的旅游景点一般会在中文介绍之后引用古诗词，以引起游客对景点历史背景的关注，激发国内游客的旅游热情，但是这些古诗词并不能唤起大多对中国传统文化了解不深的外国游客的共鸣，因此在翻译时可以适当忽略这些古诗词。

例如，“这些山峰，连同山上绿竹翠柳，岸边的村民农舍，时而化入水中，时而化入天际，真是‘果然佳胜在兴坪’。”这段描写漓江的文字，先是写景，最后引用古诗感叹，算是一种总结，但译者并没有将它译出，而是译为：“These hills and the green bamboo and willows and farm houses merge with their reflections in the river and lead visitors to a dreamy world.”对于景物的描写自然能传达出一种美感，勾起游客的游兴，如果译成“Really Xingping has sceneries”，可能读者的反应不大，不如不译。

3. 改写法

汉语描写景色的词汇丰富，多用对偶、排比，但翻译起来很困难，所以多采用意译。勉强逐字逐句照译，可能反而有损原意。

例 1 境内西湖如明镜，千峰凝翠，洞壑幽深，风光迤逦。

Hangzhou's West Lake is like a mirror, embellished all around with green hills and deep caves of enchanting beauty.

原文用了“千峰凝翠”“洞壑幽深”“风光迤逦”等成语，翻译时切忌死译，应根据英语习惯，译出其意义。

景点介绍的英译应考虑外国客人的特点和中外文化差异，在达意的基础上，务求语言的华丽，唤起外国读者的兴趣，并使他们了解基本的中国文化。

三、历史典故的翻译

历史典故是民族发展的结晶，是民族精神和民族智慧的具体体现。无论哪种语言，其典故大多数是带有深刻含义的寓言故事。经过译者的精彩翻译，不同民族之间的文化瑰宝相互呈现，要求译者在翻译时，使其中蕴含的深刻内涵在另一种语言中同样能够大放异彩。

（一）英汉历史典故对比

中国历史久远，汉语言文化更是源远流长，博大精深，而英语在近800年才得到较快的发展。从古代英语发展到近代英语，英语大量吸收借用其他语言，词汇量得到了极大丰富。英语中，较古老的典故多源于希腊、罗马神话或《圣经》，而正统的典故多成典较晚。莎士比亚时代对应我国明末，而蒲柏与狄更斯时代对应我国晚清时期。因此，英语典故带有时代特征。

英语典故在喻体选取比较方面多有相似之处。英汉典故中皆有以人设喻，如英语中的Shylock和汉语中的“姜太公钓鱼”；以事物设喻，如英语中的“kick the bucket”和汉语中的“三顾茅庐”；以地名设喻，如英语中的“carry coals to Newcastle”和汉语中的“东山再起”。有些英汉典故不仅喻体形式相同，喻体形象相同，其寓意也完全一样，例如“walls have ears”与“隔墙有耳”。但这类形义相同的英汉典故在翻译中为数不多。

由于历史环境、地理风俗的不同，大多数英汉典故只是部分对应或者根本不对应。例如，英语的“meet one's waterloo”与汉语的“败走麦城”，两者虽然寓意相同，但在喻体选取、设喻形式和使用上均存在差异。

英汉语言文化带有独具风格的民族色彩，这在英汉成语以及习语上表现尤为明显。如英语中的“paint the lily”与汉语中的“画蛇添足”。从《圣经》的天使报喜图中可以看出，西方人心目中百合花本来是“清白”与“贞洁”的象征，洁净素雅，高贵美丽。为百合花饰粉抹彩，破坏原有的雅致，自然是多此一举，徒劳无功。而汉文化中的蛇本来没有脚，画蛇添足反而使蛇不能称之为蛇。两个典故虽然渊源各异，但在表达“多此一举”的意义上却有异曲同工之妙，同时各具民族特色。

（二）英汉历史典故的翻译策略

历史典故的翻译虽然没有一成不变的固定模式，但也应遵循一定的原则。

1. 直译或直译加解释

很多汉语典故中提炼的内涵概念都能够在英语中找到与之对应的概念，直译不仅能够保留文章的原汁原味，还能够使文章的比喻和表达更加生动形象。而一部分概念无法在英语里找到与之对应的词语形容，这些概念也可以运用直译的方法呈现出来，这样不仅能保持概念不变，还能保留原文的意义不变。大量的外来词语丰富了译出语文化，促使两种文化共同进步。

例如，“冷战”“cold war”；“武装到牙齿”“armed to the teeth”；“鳄鱼的眼泪”“crocodile tears”。直译不仅可以被读者接受，而且能更好地再现原文。

一些典故如果采取直译，读者不能完全理解，如果采取意译，又丧失了原有的风格和形象。这时可以采取直译加解释的办法，这样能够保持原有的意义、形象和语言风格，使读者容易理解其潜在含义，如“有乐必有苦”可以翻译为“there is no rose without a thorn”。

2. 意译或意译加改造

不同民族的语言在形象和意义的结合方式上往往存在差异。一些典故中的形象在英语中虽然可以复制，但这种形象复制之后却丧失了原有的意义。这时，形象只能让位或牺牲，意译就变得理所当然。例如：“生于富贵之家”“born with a silver spoon in one's mouth”。

如果英汉典故大致相等，差别仅在于形象或风格，翻译时，只需略加改造即可，同时又接近原文典故的结构和习惯，这就是意译加改造的方法。例如，“一花不是春”或“独木不成林”，英语虽然找不到与此完全对应的谚语，但“one swallow does not make a summer”却和原文基本相同。又如“无风不起浪”译为“no smoke without fire”也能为读者所接受。

3. 等值典故互相借用

有些英汉典故在对方语言中可以找到与之对等的典故或俗语、成语，两者在意义、想象或风格上均有相似或相近之处，翻译时就可以采取等值互相借用法。例如“隔墙有耳”译为“Walls have ears.”没有走意，形象和风格也得以保留。有很多成语典故可以用这种方法套用。

例如，“山中无老虎，猴子称霸王。”等同于“Among the blind the one-eyed man is king.”；“英雄所见略同。”等同于“Great minds think alike.”；“有志者事竟成。”等同于“Where there is a will, there is a way.”。

典故的互相借用是有条件的，不能在任何情况下都使用。一组对应的汉语和英语即使意思相近或形式相似，二者的确切含义和感情色彩也多有细微甚至很大的差别，所以不能随便借用，要结合具体的语言环境和意义综合考虑。

（三）对译者提出的要求

由于典故的翻译具有一定的特殊性和困难性，翻译时应多采用意译的方式，遇到翻译难题时应结合上下文的内容和意义做出最适合的处理。译者在翻译典故时，一定要做到活灵活现，不可机械生硬地逐字逐句进行翻译，要结合民族文化从典故整体含义方面进行翻译。

语言是民族文化的载体，习语又称语言的精华。从对英汉典故的对比和翻译中可以看出，习语是民族文化的镜子。因此，要想准确生动地互译英汉典故，翻译者要明确辨认英汉典故的相似性和差异性，不断提高自身语言能力和文化鉴赏能力，掌握从整体上、深层次上理解驾驭英汉语言的能力，进而达到跨语言跨文化交际的目的。

四、译文欣赏

译文欣赏示例如下：

例 2 颐和园，荟萃了中国古代园林，位于北京西郊。作为临时皇宫，颐和园建于1153 年，并于 1888 年重建。颐和园内有万寿山和昆明湖。园内长廊上绘有精美的画作，为世界上最长的走廊，1992 年被列入《吉尼斯世界纪录大全》。这条走廊连接慈禧太后处理国家事务的居住区和游览区。

译文：

The Summer Palace, featuring the best of China's ancient gardens, is located in the wester suburb of Beijing. The palace was built in 1153 as a temporary imperial palace. It was rebuilt in 1888. The Summer Palace consists of the Longevity Hill and the Kunming Lake. The Long Corridor, painted with exquisite paintings, was included in the *Guinness Book of World Records* in 1992 as the longest corridor in the world. The corridor links the area where Empress Dowager Cixi handled state affairs with the residential and sightseeing areas.

第五节 新闻翻译

新闻是对最近发生之事的报道。梅尔文·门彻（Melvin Mencher）对“新闻”下了如下定义：新闻就是“中断事件正常发展的信息，是对期待事件的打断或常规的偏离；是人们对他们的生活作出正确决定的信息”。

新闻具有时效性、显著性、重要性、地理相邻性、矛盾性和冲突性、独特性和人情味的特色，具备权威、精确、时事价值、即时性、简洁和特定框架格式的特点。其中具有人情味特色的新闻主题包括犯罪、伦理、人口、生命、婚姻、家庭、友谊、情感、金钱及性。特定框架格式指的是新闻四部分：标题、导语、正文和结尾。

刘其中教授对“新闻翻译”作出了如下定义：新闻翻译就是运用目的语表达原语新闻，因此目的语读者不仅可以获得原语报道中的新闻信息，而且和原语读者拥有近乎相同的感受。

新闻翻译不同于文学翻译，具有以下四个特征：

第一，新闻报道具有高效性和集中性的特点，因此翻译需要在限定时间内完成。这对译员提出了更高的要求，需要他们对原语、目的语和跨文化交际具有较强的掌控能力。

第二，新闻翻译文本应该体现新闻体。所谓新闻体就是保持倒金字塔形。导语部分简洁地概括新闻的主要内容；正文部分首要考虑重要信息，然后是次要信息，用词短小精悍；文章囊括人物、时间、地点和事件。总之译文应该保留原文的内容和写作风格。

第三，新闻翻译多采用全译、选译和编译的形式。对于原文中不甚明了的内容译者要加强解释，增加背景知识；对于和目的语读者无关的信息，译者可以有选择性地翻译或者编译。

第四，新闻翻译要求译者在翻译过程中更加谨慎。所谓谨慎，就是指译者一方面要认真核对原语信息，确认无误；另一方面要在更短的时间内完成校对工作。

新闻分为硬新闻和软新闻。两者从内容或对象来区分，硬新闻指的是题材较为严肃，着重于思想性、指导性及知识性的政治、经济、科技新闻。从新闻体裁来区分，即从报道形式和写作方式来讲，硬新闻有一定之规，一般为倒金字塔架构；软新闻则不拘一格。硬新闻直截了当，简明扼要，形式简练，具有直接性；软新闻样式复杂，细节描写和记者感情色彩占据重要地位，具有间接性。硬新闻形式上基本是动态新闻，软新闻则有软消息和特写之分。依据这一分类标准，除了动态性新闻，我国报刊实践中形成的新闻特写、评述性消息、经验性消息、综合消息、人物消息、典型报道和通讯等，都可归入“软新闻”之列。从新闻时效讲，“硬新闻”是易碎的，时间性是第一位的，重在迅速传递信息；“软新闻”则对时间要素有所回避，而将重点放在对新闻的解释、阐述和背景介绍上。本章将重点探讨硬新闻的标题、词语与句子及篇章英译问题。

一、标题的翻译

新闻文体首要具备的是信息功能，即向读者提供重要的信息。标题用简短的语言形式向读者传递新闻故事的核心内容，所以有“新闻广告”的称谓，目的在于吸引读者。文本三个基本功能——信息、呼唤及美感。功能一般不会单独存在，因此在把握新闻标题信息功能的同时，也要兼顾其呼唤及美感功能。因此，标题的翻译质量尤为重要。直译、省译、重组、释意及替换是新闻标题翻译首选的翻译方法。

例 1 中国楼市由繁荣走向低迷

Chinese Property Boom Starts to Wobble

例 2 繁荣好景不再 萧条接踵而来

After the Boom：Gloom

例 3 举世瞩目的中国农业

Chinese Agriculture Attracting Worldwide Attention

例 4 长江经济：是一条龙还是九头鸟

Yangtse Economy：A Sequence Connected or Scattered

选择直译的前提是标题一目了然，理解方面没有任何困难，此时译者就可保留原貌传达全部信息。例 1 就是最好的证明。

新闻标题简明扼要的风格和英语单词拼写与汉字的差别决定了译者在英译汉语新闻标题时，应避免不必要的信息及具有文化色彩的专有名词。除了长短问题，汉语硬新闻惯用包含成语在内的四字词语，如果采用直译的形式，虽然可以传达中文博大精深的内涵，但是在时效性和简洁性方面无法凸显，因此译者在两者中权衡保留了简洁性，如例 2。

例 3 将汉语的前置定语修饰的模式调整成了英语的后置定语的格式。

汉语新闻标题中存在一些国外读者不甚理解的内容时，释意法可以解决这些难题。汉语新闻标题较难理解的原因主要是修辞手法的应用，在无法找到对应英语的时候，采用意译和解释的方法可以保证沟通和交流的畅通。如例 4 中“一条龙”和“九头鸟”的使用，如果直接翻译成“a dragon”和“a nine-head bird”，英语读者应该会认为长江经济会以伤害他人为前提取得自身的发展，因为这两种生物在西方国家都是怪物，用来修饰经济，意味着经济的畸形发展。而这与原标题的内在含义——长江经济是集中发展还是分向发展相违背，此时释意法发挥了有效的作用。

总之，标题是新闻的门面和广告，在翻译过程中选择恰当的翻译方法既可以传达原语信息，又可以保留标题的功能。

二、词语与句子的翻译

翻译中最常见的单位是句子，然而词语是句子及篇章翻译的基石，通过对词语的选择能帮助译者从整体上把握原文。例如，“一站式”“条条块块”“硬道理”“打白条”，如果直译成“the one stop”“strips and chunks”“hard principle”“issue blank paper”，分别会被误读成“停一站”“生活用品中的布条和厚块”“严厉的原则”“发白纸”，而绝非如下翻译传达的正确含义：“a coordinated process”“of the different parts or regions”“the most essential criterion”“IOUs（I owe you）”。

英汉句法的差别主要体现在：汉语句子由标点标明句子的含义和基调，重含义，句子含义决定句子形式；英语句子由单词按照一定规则排列，句子结尾由句号、问号或感叹号结束，重形式和语法结构。

例 5 10 月 13 日 22 时 35 分许，长江三峡段曲溪口水域两艘船舶发生碰撞，一艘当即沉没，17 人落水，其中 7 人失踪。

Two cargo ships collided upstream from the Three Gorges Dam on Yangtze River, China's longest river, leaving seven sailors missing, local authorities said Saturday.

汉语原句按照时间、地点、事件的顺序讲明新闻重要四因素中的三个，英译时首先讲明事件，然后是地点和时间。其中汉英两句的功能是一致的，只是从句法特点方面体现了差异。从英译文可以看出译者在翻译之前经过筛选，将具体的时间“10 月 13 日 22 时 35 分”处理成”Saturday（星期六）”；“曲溪口水域”译成“upstream”（上游）；将事件的结果“一艘当即沉没，17 人落水，其中 7 人失踪”简化成“leaving seven sailors missing”（7 人失踪）；对“长江”这个专有名词进一步解释“China's longest river”（中国最长的河），为不熟知中国长江的英语读者提供了进一步的信息，也凸显了此新闻发生的地点较为特殊，符合新闻内容吸引眼球的特点。总之，省译和编译是新闻翻译中常用的方法。

三、篇章的翻译

上文对新闻翻译的标题、词语、句子层面进行了探讨，现在以篇章为单位对新闻翻译予以分析。

例 6 中国警方说，正在就吉林省可口可乐（Coca-Cola Co.）饮料中毒事件展开调查，吉林省长春市公安局发言人说，我们都在夜以继日地办案。正在调查的可能中毒原因包括，是否有人在可口可乐生产完饮料后投毒。上周，四名受害者喝了草莓口味的美汁源果粒奶优，已经造成一名儿童死亡，另有三人患病。可口可乐发言人普莱斯（Joanna Price）周一说，自有关部门上周二将儿童死亡的消息通知该公司以来，公司反复检测产品，但没有发现产品质量问题。

译 文：Chinese police said they are investigating how toxic chemicals found their way into Coca-Cola Co. drinks in the northeast province of Jilin, killing a child and causing illness in three other people. The four victims consumed strawberry flavored Minute Maid Pulpy Super Milky drinks last week.

"We are all working around the clock on this case," said a spokesman for the Public Security Bureau in the provincial capital of Changchun. Among the possibilities being investigated is whether someone tainted the drinks after Coke manufactured them.

Coca-Cola spokeswoman Joanna Price said Monday that the Atlanta-based beverage company has repeatedly tested its products since authorities informed the company last Tuesday of the child's death and has found no product-quality issue. (*Wall Street Journal*, December 6, 2011)

从篇章全局来看，原文的四个段落被译成了三段。原文开头交代新闻的中心思想，然后展开描述。从英语译文可以看出译者对原文内容进行了重新编排：将原文第三段的中毒事件的结果放在第一段，紧接着的调查描述放在了第二段，发言人的回应放在最后。所有的编排按照重要到次重要的顺序排放，使得译文信息更加集中，也更具备可读性。

从上可以看出，省译、编译或重组是汉英新闻翻译中主要应用的方法，译者应以为译文读者提供最具新闻价值的信息为导向选择合适的翻译方法。

第六节　科技翻译

科技的发展非常快，全球各国的科学家在科学技术的领域中不断进行着新的探索，所涉及的范围越来越广泛。英语是国际探讨科技话题的常用语言，因此科技文本的翻译工作非常重要。这种以科技交流为目的的语言转换叫作科技翻译。科技翻译要求译者明确科技文本的文体特征和内容信息，保证数据信息不变，精准、流畅地完成英汉互译的翻译工作。下面就从科技文体的词汇特点、句法特点、文体特点等方面进行探讨。

一、科技文本的词汇特点

第一，书面语词汇的使用多于口语词汇。如“肚子疼”只是身体特征的一种日常表达，用于科技文体中，就要表达为“胃区疼痛”；类似的情况在英文中也是如此，例如，extend、define、transition、occur 等正式、客观的描述词汇，代替了 put out、mean、change、happen 等口语体词汇。

第二，派生词的使用多。英语中的科技词汇多半是由动词加上前缀或后缀派生出来形成形容词和名词。据统计，在科技英语中有上千条由前缀 hydro-、hyper-、hpo- 构成的词条。汉语科技文本中，前缀常用“非”“合成”之类的词语构成，后缀多用“性”“化”等词语。

第三，频繁使用专业术语。据统计，科技语篇里专业词汇大约占到了四分之一。其中包括大量缩写词，如 AIDS（Acquired Immune Deficiency Syndrome，获得性免疫缺陷综合征，简称艾滋病）。

第四，用词含义深、简洁、准确。

二、科技文本的句法特点

科技文体属于正式语体的一种，因此语法结构严谨。其中包括：

（一）名词化倾向

用名词修饰名词和大量使用抽象名词，是现代科技语体最显著的表达手段之一。例如，航天飞机试飞计划（space shuttle flight test program）。

（二）时态

科技文体常用一般现在时、一般过去时、一般将来时和现在完成时。下面以最常用的一般现在时为例加以说明：

例 1 人类所知的最复杂的东西就是人的大脑。

The most complex object known to humanity is the human brain.

句中用一般现在时凸显事实的普遍性和客观性，不因时代的变迁而改变。其余情况要根据汉语的语言特色判断具体的时态，如“制定了”“会引起”“已发现”对应不同的时态，因此要区别对待，分别翻译成“established”“will cause”“have discovered”。

（三）被动态

科技文体的客观性决定了汉语文本多用无主句或者被动意义的句式，避免主观性。

例 2 可以把这种设备安装在电线杆甚至多单元楼的地下室里。

Such devices can be configured to be deployed on a pole or even in an MDU/MTU basement.

汉语句式是典型的无主句，避免了主体存在造成的潜在主观意识。因此在翻译成英语时被动态成为不二之选。

译文中 MDU 是“Multiple Dwelling Unit”（多住户单元），MTU 指“Multiple Tenant Unit”（多租户单元）。

从例句中可以看出汉语句式译成英语的主要方法和策略就是译成英语被动态。但是汉语会以多种形式出现。下面就来探讨一下汉语中哪些常用的句式可以处理成英语的被动态：

1. 汉语被动句

汉语被动句的使用在于强调动作或过程，在不知道动作发出者的时候运用最为广泛，可以起到突出主题的作用。汉语被动句除了明确的“被”字结构，还可采用以下词语构成被动态，如“遭”“挨”“给”“受”“加以”“为……所”“是”等。

例 3 在铁轨的接头处留下空隙，供铁轨受热膨胀之需。

A gap is left at a joint of a railway line to expand when it gets hot.

2. 汉语主动句

汉语主动句是汉语表达以人为中心的最好体现，而英语的句法特点与汉语存在极大的差异，翻译时就可以采用被动态。

例 4 产品出厂前都要经过严格的检查。

Products must be inspected strictly before delivery.

汉语主动句中会采用泛指主语，如“大家”“有人”“人们”等，翻译时也可以使用被动语态。

3. 汉语无主句

汉语无主句的存在有时是因为无须强调动作的发出者，此时可以将被施动者前置作主语，采用被动态。

例 5　关闭激光束后，飞机滑行着陆。

When the laser beam was turned off, the airplane glided to a landing.

4. 汉语惯用句式

惯用句式在此表示的是含有“最好”“众所周知”“由此得出”等表达方法的句式，此类表达可以处理成英语中“it+be+过去分词+从句”的格式。以上表达对应的分别是“It is recommended that”“It is well-known that”“It can be concluded that”。

例 6　众所周知，翻译研究不局限于人文学科。

It is well-known that translation studies are not confined to the humanities.

（四）祈使句

祈使句多用于说明书、操作规章、指导性的文本资料中。此时用词一般较强硬，以确保用户能正确使用产品，了解相关原理。译成英语时一般将动词原形直接置于句首，或者加入主语“you”或不明确的主语“someone”。

例 7　确保家用电脑放置在房间视线所及的地方并限制孩子的上网时间。

Keep the family PC in an accessible part of the house and limit the amount of time your kids spend online.

三、科技文本的文体特点

（一）结构的繁复性

所谓结构的繁复性概括了科技文体的特色，科技文体常用语表述科学原理、概念、规律等，而这些往往描述了各事物之间错综复杂的关系，因此常会出现名词化结构和长句。所谓名词化结构，是指以名词的堆积呈现，如“卫星通信地面站设备修理人员”译成“satellite communication ground station equipment repairer”，或者以“动作意义的名词+of+名词+修饰语”的格式出现，目的是简洁行文、客观表达、确定表达内容并透露大量信息。

汉语长句通常用逗号隔开，句子看似较长，但切割详细，且意义明确，译成英语要还原成英语长句的特色，即使用大量的从句、非谓语动词和后置定语。

（二）规范性

科技文本在描述比例、范围、假设、程度、定义、推理、分类等方面有较为固定的范式，此时可以直接套用惯用表达予以处理。以比例、分类为例，表达比例的说法有“……的比例”“与……成反比”“范围是……到……”“占……比例”，它们相对应的英文表达分别是“the proportion of”“be inversely proportional to”“range from...to...”“account for”。分类表达如“将……分成……种”“……可归入几种类型”“由……组成”，分别对应“separate...into...groups”“...fall into several groups...”“consist of/include/is made up of...”。

科技文体用词简洁、准确，专业术语较多；句法结构严密，多使用名词化结构、被动态及祈使句；文体结构繁复规范。译者要根据读者感受及译文适用的语境，在尽可能采用原文结构和写作手法的前提下，保持译文的可读性，给出准确、流畅、得体的译文。

四、科技文本的翻译

科技文就是研究讨论科学技术的文本，如学术论文、科技科普手册、实验报告、科技情报资料等文本，科技翻译就是对此类文本的翻译。

不同种族人文风俗、社会价值、宗教信仰、文化背景等因素对科技文本翻译的影响比对文学文本翻译的影响要小很多，科技文本译文更看重其可读性。对于科技译文来说，读者是否能从译文中获取等值的信息已成为检验翻译效果的标准。对此，傅勇林和唐跃勤要求译者翻译科技文本时应遵守以下三点原则：一是忠实准确，要求译文与原文的信息要保持一致，将原文的内容完整地呈现出来，还要求译入语语篇的指称意义在译文中保持不变，译文与原文表述的概念相同，对事物的变化过程的描述相同；二是通顺流畅，即译文文本通畅，阅读译文与阅读原文收获基本相同的感受，此外，译文还应贴近译出语读者的阅读习惯，便于读者阅读和理解；三是规范专业，科技翻译应做到用词周密严谨，符合原文的逻辑，在翻译专业性较强的词语如定义、概念时，符合科技术语的使用规范，使译文具有和原文一致的专业性，能够被读者接受和认可。

事实论述和逻辑是科技文本中非常重要的部分，也是科技翻译中译者需要重视的部分。科技翻译要求译者明确技术概念，捋清逻辑关系，不随意更改原文数据，使用尽量简洁的文字将其内容正确无误地表述出来，译文要满足专业技术术语的表述要求，保证翻译的准确性、严谨性以及科学性。

英语学习者向来对科技文的翻译工作存在误解，认为科技翻译非常困难。实际上，译者大多见识宽广，学识深厚，无论翻译什么类型的文本，只是翻译过程有时间长短之分，没有完不成的翻译任务。译者在翻译时只要多多查证相关专业术语，就能够顺利完成科技翻译的工作。下面就举例说明：

摘要：坊间对明末清初科技翻译高潮的关注主要是对译史的研究，很少涉及其翻译理论及策略。基于对科技译史的梳理爬剔，客观地说，“误读”作为一种策略在明清科技翻译实践中有一定的普遍性。这种事实一方面有悖于传统翻译圭臬，另一方面是翻译研究不可回避的事实，其存在的理据在于它能满足无论是耶稣会士还是士大夫的不同翻译目的，是译者调和与合译者主体之间矛盾的最佳路径。

关键词：明末清初；科技翻译；“误读”

译文：Abstract：Researches into the translation boom of science and technology during the late Ming and early Qing periods usually focus on the history of translation, but ignore the translation theory and strategies in the translation practice. Based on the achievements about the translation practice in this particular time, this paper argues that misreading, violating the traditional translation theory and criteria, was widely adopted by the translators. The reason of this abnormal approach lies in the fact that it could serve the different purposes in translating, which was the best approach to solving the contradictions between the co-translators and deserves our further study from the perspective of translation theory.

Key Words: the late Ming and Qing periods; translation of science and technology; "misreading"（刘庆元，邹娟娟 译）

科技文本包括各种学术论文以及科技摘要。对前文的例句进行分析，多次尝试各种翻译技巧，相信能够促使译者和英语学习者更加熟悉科技翻译。翻译科技文时，译者需要有正面的态度，不要认为科技文的翻译工作是遥不可及的。分析原文时，应将内容条例梳理清晰，明确其中的每一个论点。原文中，除"梳理爬剔""误读"和"圭臬"稍显生疏，其余部分较易处理。"梳理爬剔"就是指剔除无用信息，整理有价值的信息，汉语原文的特点是精练，因此处理成英文可以保留其简练性，翻译成"sorting"；"误读"为"misreading"；"圭臬"意为"准则"，可以译作"principle"或"criterion"。

译文第一句可将主语定为"研究"，谓语为"集中在/放在"和"忽略"，宾语分别为"译史"和"理论及策略"。第二句主语为"本论文"或"本研究"，谓语为"谈论"，后面紧跟宾语从句"误读被普遍接受"。第三句可以合句为"有悖于传统的方法存在的原因在于满足不同目的和最佳途径"。

原文最后一句出现的"耶稣会士"和"士大夫"是对不同译者身份的指代，因此直接处理成"co-translators"；将整个句子结构打乱，一方面将动宾结构"有悖于传统翻译圭臬"处理成形容词作修饰成分，另一方面对"是翻译研究不可回避的事实"进行弱化处理，并在译文中补充了一句：关于（误读法）值得进一步从翻译理论视角进行探讨。

科技文本的翻译要求译文逻辑严谨、专业性高。译者只要牢牢抓住其内容特点，对于不常见的专业术语多查证、多探索，灵活运用各种翻译手段，就一定能顺利、成功地完成科技文本的翻译。

练习题

（一）商务翻译

1. 双方都应遵守/双方的一切活动都应遵守合同规定。
2. 交货期改为9月并将美元折合成人民币。

（二）广告翻译

1. 百闻不如一尝。（食品公司）
2. 有了南方，就有了方法。（南方咨询公司）

3. 创一流服务，迎四海嘉宾。（宾馆广告）

（三）法律翻译

1. 审批机构自接到本条例第五条规定的全部文件之日起，3个月内决定批准或者不批准。

2. 合营企业的注册资本一般应当以人民币表示，也可以用合营各方约定的外币表示。

3. 董事会是合营企业的最高权力机构，决定合营企业的一切重大问题。董事会成员不得少于3人，名额的分配由合营各方参照出资比例协商确定。

（四）科技文体翻译

1. 这些病毒一接触空气就会立即被杀死。

2. 直流电是一种总是沿同一方向流动的电流。

3. 结构材料的选择应使其在外界条件中保持其弹性。

（五）旅游翻译

承德避暑胜地，被称为“避暑山庄”，位于河北省北部承德市，是清代皇帝夏天避暑和处理政务的场所。该避暑胜地的建设时间是从1703年到1792年，是规模最大、保存最完整的皇家离宫。

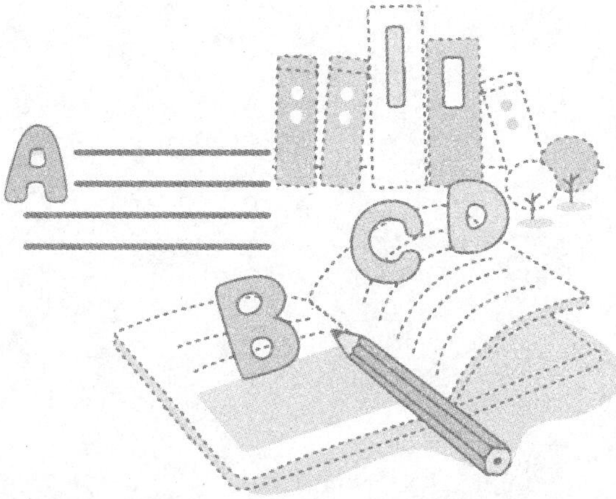

练习题参考答案

第一章　基础理论篇

1. 翻译有哪些分类？

翻译可以根据不同的标准划分成多种不同的类型。首先，生活中较常见的就是对语言的翻译，按照语言的种类可以将翻译划分为汉英翻译、英法翻译、汉法翻译等；根据翻译的工具不同可以将翻译分为机器翻译和人工翻译，其中人工翻译包含书面翻译和口头翻译两种形式，对口头翻译进一步划分，又可以分成同声传译（simultaneous interpretation）或连续传译（consecutive interpretation）；依据文本类型的区分，可以分为自然科学读本、技术报告、科技论文等科技文本的翻译，以诗歌、散文、小说、戏剧等为主的文学文本的翻译，以及包含合同、产品说明书、广告、信函等在内的应用文翻译；以翻译方式的角度来看，翻译主要有全译、编译以及摘译。

2. 外宣翻译应遵循哪些策略?

第一，在语篇构成上以译入语为依归；第二，在语言表达风格上译文应与原文功能对等；第三，在句式结构上以译出语为依归；第四，在信息传递方面以译入语为依归。

第二章　综合比对篇

1. 政府号召建立更多的技术学校。

The government called for the establishment of more technical schools.

2. 我是个业余演员，他演得比我好。

I am an amateur actor. He is a better player than me.

3. 越南战争不断地消耗美国的资源。

Vietnam War is a drain on American resources.

4. 每天早上，她都要到湖区去散步。

Every morning she would go to the lake area for a walk.

5. 他反对的理由是：这个计划不现实。

He objected that the plan is not practical.

第三章　词语翻译篇

1. 屡次三番 again and again
2. 强颜欢笑 try to look happy when actually sad
3. 如梦初醒 as if awakening from dream
4. 顺手牵羊 walk off with sth.
5. 立竿见影 get instant results
6. 如愿以偿 achieve what one wishes
7. 光天化日 broad daylight
8. 焕然一新 take on an entirely new look
9. 临危不惧 face danger fearlessly
10. 奋勇前进 forge valiantly ahead

第四章　句子翻译篇

1. 他们迫切地想获得消息。

They were news-hungry.

2. 医生说他们不能确定能否挽救他的生命。

Doctors said they were not sure they could save his life.

3. 恐怕我不能教你游泳，我弟弟比我教得好。

I'm afraid I can't teach you swimming. My younger brother is a better teacher than me.

4. 他们讲索取，我们讲奉献。

They preach taking from others, whereas we advocate giving to others.

5. 一个好的领导不满足于仅仅守住已有的成就。

A good leader is not content with merely taking care of what's already there.

6. 我笔直向前高速飞行，越过港口，飞临海面。

I barreled straight ahead, across the harbor and out over the sea.

第五章　篇章翻译篇

One Third of Our Lifetime (Excerpt)

What is the significance of life? Is there any gauge to measure it? It would be very difficult, of course, trying to advance an absolute standard. However, the significance of one's existence can more or less be rated by examining his attitude toward life and work.

Since ancient times all people of accomplishments are very serious about their lives. While they are alive, even if there is only one day left to live, they try to work as hard as they can and learn as much as possible, never letting a single day slip by without any gain. This is true of the working people as well as of the great statesmen and great thinkers in our history.

In the chapter "Foods and Goods" of *The Chronicles of the Han Dynasty* the great historian Ban Gu states: "In winter people stay indoors. Women get together to spin hemp threads at night. They manage to work forty-five days in a month." It sounds strange. How come there are forty-five days in a month? Let us look at its annotations given by Yan Shigu "They gain half a day's time every night and, they have forty-five days in a month".

第六章　文化负载篇

1. 听说她跟那时周公馆的少爷有点不清白，生了个儿子。(曹禺《雷雨》)

It seems she'd been having an affair with gentleman's son by the name of Zhou.(王佐良、A. C. Barnes 译)

2. 如果父母去世，穿孝要到百日。

Upon the death of a parent, a man should wear a mourning dress for a hundred days.

3. 他气得脸上青筋暴起，浑身颤抖。

He was blue in the face from anger, trembling all over.

第七章　文学翻译案例

(一) 散文翻译

1. 燕子去了，有再来的时候；杨树枯了，有再青的时候；桃花谢了，有再开的时候。但是，聪明的，你告诉我，我们的日子为什么一去不复返呢？(朱自清《匆匆》)

Swallows fly away, yet return; willows wither, yet burgeon again; peach blossom fades, yet blooms afresh. But tell me, you who are wise. Why do our days depart never to retun?(李定坤 译)

2. 普之仁领我穿着茶花走，指点着告诉我这叫大玛瑙，那叫雪狮子，这是蝶翅，那是大紫袍……名目花色多得很。后来他攀着一株茶树的小干枝说："这叫童子面，花期迟，刚打骨朵，开起来颜色深红，倒是最好看的。"（杨朔《茶花赋》）

Taking me through the groves of camellias, Pu Zhiren told me the names of different varieties: Giant Agate, Snow Lion, Butterfly Wing, Giant Purple Robe and many others. Then, taking hold of a small branch of a camellia tree, he said, "This is Baby Face. As it blooms late, it's only just in bud. With deep red blossoms, it's really most beautiful."（陈宏薇 译）

（二）小说翻译

1. 胡闹胡闹！我要结婚呢，早结婚了。哎，"曾经沧海难为水"!（钱钟书《围城》）

Don't be silly! If I want to get married, I'd have done so a long time ago. Ai,
"He who has seen a great ocean is not easily content with a pond!"

2. 屋里呢，他越来越觉得虎妞像个母老虎。小屋里是那么热，憋气，再添上那个老虎，他一进去就仿佛要出不来气来。（老舍《骆驼祥子》）

At home, Tigress seemed more and more to live up to her name. The little room were hot and stifling, and with Tigress there he found them suffocating.

（三）戏剧翻译

吴祥子：逃兵，是吧？有些块现大洋，想在北京藏起来，是吧？有钱就藏起来，没钱就当土匪，是吧？（老舍《茶馆》）

Wu Xiangzi: Deserters, right? Trying to hide in Beijing, with a few silver dollars in your pocket, right? When the money runs out, become bandits, right?（英若城 译）

第八章　应用翻译案例

（一）商务翻译

1. 双方都应遵守 / 双方的一切活动都应遵守合同规定。

Both parties shall abide by/All the activities of both parties shall comply with the contractual stipulations.

2. 交货期改为 9 月并将美元折合成人民币。

Both parties agree that change the time of shipment to September and change U. S. dollar into Renminbi.

（二）广告翻译

1. 百闻不如一尝。(食品公司)

Tasting is believing.

2. 有了南方，就有了方法。(南方咨询公司)

Where there is South, there is way.

3. 创一流服务，迎四海嘉宾。(宾馆广告)

First class service to all our guests.

（三）法律翻译

1. 审批机构自接到本条例第五条规定的全部文件之日起,3 个月内决定批准或者不批准。

The examination and approval authority shall, within three months of the repair of all the documents stipulated in Article 5 of these Regulations, decide whether to approve or not to approve such documents.

2. 合营企业的注册资本一般应当以人民币表示，也可以用合营各方约定的外币表示。

The registered capital generally be denominated in Renminbi or may be in a foreign currency agreed upon by the parties to the joint venture.

3. 董事会是合营企业的最高权力机构，决定合营企业的一切重大问题。董事会成员不得少于 3 人，名额的分配由合营各方参照出资比例协商确定。

The board of directors shall be the highest authority of a joint venture. It shall decide all major matters concerning the joint venture. The board of directors shall consist of no less than three members. The number of directors to be appointed by each party shall be determined through consultation by the parties to the joint venture with reference to the proportion of their respective capital contribution.

（四）科技文体翻译

1. 这些病毒一接触空气就会立即被杀死。

These viruses are quickly killed upon exposure to the air.

2. 直流电是一种总是沿同一方向流动的电流。

A direct current is a current flowing always in the same direction.

3. 结构材料的选择应使其在外界条件中保持其弹性。

Materials to be used for structural purposes are chosen so as to behave elastically in the environmental conditions.

（五）旅游翻译

承德避暑胜地，被称为“避暑山庄”，位于河北省北部承德市，是清代皇帝夏天避暑和处理政务的场所。该避暑胜地的建设时间是从1703年到1792年，是规模最大、保存最完整的皇家离宫。

Chengde Summer Resort, known as “The Mountain Hamlet for Escaping the Heat”, is located in northern Chengde, Hebei Province. Qing Emperors used to spend their summer days handling state affairs at the resort. Construction of the resort lasted from 1703 to 1792. It is the largest and best-preserved imperial palace outside the capital.

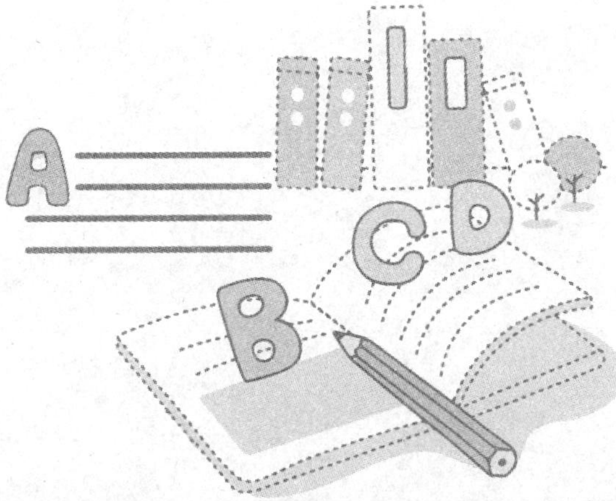

参考文献

[1] Danielle Drori. Literary fortresses: translation and “world literature” in Y. Ḥ Brenner’s beyond the borders and “From the World of Our Literature” [J]. Prooftexts, 2017, 36(1): 190.

[2] Jing Chen. On Re-instantiation of literary dialects: a systemic functional approach [J]. Theory and Practice in Language Studies, 2019, 9(6): 706.

[3] Mohamed A. H. Ahmed. Codes across languages: on the translation of literary code-switching [J]. Multilingua, 2018, 37(5): 112.

[4] Samia Bazzi. Ideology and Arabic translations of news texts [J]. Translation and Translanguaging in Multilingual Contexts, 2015, 1(2): 278.

[5] Susan Yun Xu. Translating foregrounding in literary and non-literary texts, foregrounding translator’s conscious and unconscious thought [J]. Neohelicon, 2019, 46(1): 90.

[6] 包惠南，包昂．汉语称谓语的语用功能与英译 [J]. 常熟高专学报，2003(3): 91–94.

[7] 曹恒林．论文学翻译中的语境影响 [J]. 海外英语，2020(24): 113–114.

[8] 陈嘉璐．试论汉英习语的文化差异及其翻译问题 [J]. 农家参谋，2018(3): 155.

[9] 陈林，龙利．诗歌翻译的世界文学视野 [J]. 文学教育（下），2021(3): 36–37.

[10] 陈阳．法律文本的特点和翻译原则 [J]. 品牌（下半月），2014(9): 130.

[11] 陈玉秀．汉英语码转换的句法特点和结构限制 [J]. 盐城师范学院学报（人文社会科学版），2006(6): 64–68.

[12] 杜金榜．语篇信息分析：多模态语篇分析难题的解决方法 [J]. 中原工学院学报，2015，26(2): 17–23.

[13] 杜金丽．汉英句子翻译中母语负迁移的实证研究 [J]. 才智，2019(17): 208–209.

[14] 付新．英语广告翻译中存在的问题及对策研究 [J]. 现代交际，2018(1): 32–33，31.

[15] 郝志伦．法律语言学的现代视野 [J]. 中国图书评论，2005(7): 23–24.

[16] 何刚强．我国翻译基础理论亟待实质性突破 [J]. 上海翻译，2019(6): 7–12，95.

[17] 胡庚申．新生态主义与新生态主义翻译观 [J]. 鄱阳湖学刊，2019(6): 5–11，125，133，2.

[18] 胡嘉伟．东西思维方式在汉英句子结构中的异同 [J]. 山西青年，2020(7): 244–245.

[19] 霍恩比．牛津高阶英汉双解词典 (6 版)[M]. 石孝殊，王玉章，赵翠莲，等译．北京：商务印书馆，牛津大学出版社（中国）有限公司，2004.

[20] 姜治文．外语教学与研究 [M]. 成都：电子科技大学出版社，1999: 42.

[21] 孔祥娜．法律英语句子结构特点及其翻译探讨 [J]. 山西省政法管理干部学院学报，2019，32(3): 104–105，109.
[22] 李燕．深层结构下的汉英语言思维方式对比 [J]. 学园，2015(10): 68.
[23] 李志鸿．对功能翻译理论与儿童文学翻译的探讨 [J]. 汉字文化，2021(2): 151–152.
[24] 梁秉堃．英若诚是一个“奇才”大家（上）[J]. 剧作家，2019(5): 145–148.
[25] 梁晓晓，郑蕾．浅析中国语境下翻译研究的文化转向 [J]. 学周刊，2020(23): 183–184.
[26] 林煌天．中国翻译词典 [M]. 武汉：湖北教育出版社，1997.
[27] 刘冰．浅谈交际翻译理论基础上的新闻英语翻译方法 [J]. 文化创新比较研究，2019，3(18): 101–102.
[28] 刘法公，宋海玲．现阶段高校商务英语专业建设面临的形势与任务—专访全国高等学校商务英语专业教学协作组副组长刘法公教授 [J]. 商务外语研究，2019(1): 1–6.
[29] 刘惠娟，孙丽娟．汉英习语对比翻译策略研究 [J]. 文学界（理论版），2012(12): 122–123.
[30] 刘慧敏．探讨关于英美文学翻译中的美学价值 [J]. 青年文学家，2021(3): 121–122.
[31] 刘路伟．中英诗歌特点对比 [J]. 校园英语，2015(1): 199–200.
[32] 刘欣，王前，王慧莉．汉英语言表达中的思维方式比较 [J]. 外语学刊，2016(2): 45–49.
[33] 刘志成．汉英两种语言及思维模式的差异探源—从“to be，or not to be”谈起 [J]. 江西社会科学，2019，39(8): 16–23.
[34] 刘重德．翻译论稿 [M]. 北京：高等教育出版社，2007: 29.
[35] 刘重德．《中国翻译简史》评介 [J]. 安徽大学学报（哲学社会科学版），1985(4): 94–95.
[36] 娄艺佳．正确应对英语文学翻译中文化差异的思考 [J]. 校园英语，2021(1): 253–254.
[37] 罗晓雨．浅析中式思维对汉英翻译的干扰 [J]. 北方文学，2019(3): 207–208.
[38] 吕朦．高低语境文化角度分析汉英语篇结构差异 [J]. 内蒙古电大学刊，2014(3): 103–104.
[39] 马谋超．新时代下的广告业 是机遇也是挑战 [J]. 声屏世界・广告人，2018(2): 52.
[40] 马玉红．汉英习语在跨文化翻译中的文化流失 [J]. 语文建设，2017(11): 67–68.
[41] 孟言．旅游文本汉英翻译文化误译现象剖析 [J]. 才智，2015(8): 308.
[42] 潘海鸥．英语文学翻译中的美学价值研究 [J]. 海外英语，2021(2): 56–57.
[43] 潘正华．汉英思维对比与汉英语言差异 [J]. 海外英语，2016(10): 186–187.
[44] 齐志倩，吕黛．翻译美学视角下的汉英习语翻译 [J]. 华北理工大学学报（社会科学版），2014，14(5): 124–127.

[45] 任东升．国家翻译实践概念体系构建[J]. 外语研究，2019，36(4): 68–73，112.
[46] 史可璞．对比分析理论下的汉英思维方式分析[J]. 青春岁月，2017(17): 40–42.
[47] 史芸．翻译应用理论与应用翻译实践——以新闻翻译为例[J]. 中州大学学报，2017，34(3): 102–107.
[48] 孙帅生．广告语的语言特点及翻译方法[J]. 南国博览，2019(9): 54.
[49] 孙英杰．汉语对英语语言教学的作用及影响[J]. 科技创新导报，2017，14(1): 202–203.
[50] 唐棠．从英汉思维时空差异性角度分析批改网汉英翻译的偏误现象[J]. 吉林广播电视大学学报，2020(9): 92–94.
[51] 王春霞．汉英翻译主位推进模式处理策略[J]. 宜春学院学报，2019，41(7): 74–81.
[52] 王佳敏．汉英时间词汇表达与时间思维方式对比研究[J]. 现代语文，2017(9): 145–149.
[53] 王建国．基于现代汉英语言特征的汉英思维方式差异研究[J]. 语言教育，2016，4(2): 37–43.
[54] 王柯．汉英思维差异在句型表达中的显性显现[J]. 北方文学，2018(27): 216–217.
[55] 王平，郭俊．汉英翻译：一个英语习语变体的视角[J]. 疯狂英语（双语世界），2014(2): 154–157，207–208.
[56] 王淑梅．英语文学作品的美学价值与翻译技巧[J]. 吉林工程技术师范学院学报，2020，36(12): 57–59.
[57] 王爽，黄光芬．王佐良与英美现代诗歌在中国的译介[J]. 外国语文，2020，36(4): 122–129.
[58] 王文艺．英译汉句子翻译技巧[J]. 山海经，2019(11): 30.
[59] 王瑛．中西方思维模式差异与汉英语用的关系[J]. 劳动保障世界，2016(20): 78，81.
[60] 韦娇．谈谈英语阅读翻译[J]. 问答与导学，2019(30): 26–27.
[61] 蔚艳梅．基于交际翻译理论下科技文体的句子翻译探析[J]. 英语广场，2019(9): 13–15.
[62] 向敏荟．交际翻译理论基础上的新闻英语翻译方法探讨[J]. 学周刊，2020(24): 3–4.
[63] 肖乐．汉英翻译中的习语处理[J]. 湖南科技学院学报，2014，35(8): 151–153.
[64] 谢辉．试析以信雅达理论为基础的英语翻译方法[J]. 校园英语，2019(31): 247.
[65] 熊潇，贾玉．思维差异观照下汉英翻译的文化解读[J]. 边疆经济与文化，2017(8): 106–107.
[66] 许钧．关于文学翻译的语言问题[J]. 外国语（上海外国语大学学报），2021，44(1): 91–98.
[67] 杨朔．从汉英语言的对比简析中西思维方式的差异[J]. 海外英语，2020(22): 97–98.
[68] 姚特．英语句子结构的分析与句子翻译[J]. 校园英语，2019(23): 106–107.
[69] 尹贺影，张瑞红．目的论在文学翻译中的适用性体现[J]. 作家天地，2021(1): 150–152.

[70] 张琦．汉英语篇衔接手段的对比分析 [D]. 汕头：汕头大学，2008.
[71] 张爽．英语文学翻译中的美学价值分析 [J]. 海外英语，2021(3): 188–189.
[72] 张晓燕，王敏．语境对二语构式学习中占位的影响 [J]. 现代外语，2019，42(6): 767–778.
[73] 章朋．文学翻译与现代文学的发生 [J]. 重庆三峡学院学报，2021，37(1): 81–92.
[74] 赵鑫．国俗语义视角下的汉英习语及其翻译 [J]. 文学教育（上），2013(5): 118–119.
[75] 赵宇佳．从中西方文化差异看习语翻译 [J]. 海外英语，2014(2): 148–150.
[76] 中国大百科全书出版社．中国大百科全书 语言文字 [M]. 北京：中国大百科全书出版社，1988.
[77] 周悦．汉英思维方式与语言形式对比 [J]. 海外英语，2021(1): 248–249，254.
[78] 周真．英语思维对汉英翻译的影响 [J]. 校园英语，2019(1): 243–244.
[79] 庄小燕．从思维差异看汉英翻译中主语的确定 [J]. 北方文学，2019(36): 212，214.